부장님 죄송해요 공무원 합격했어요

사피엔스gasi

부장님
죄송해요
공무원
합격했어요

초판 1쇄 펴낸날 2018년 11월 10일
엮은이 이상희
펴낸이 최병호
펴낸곳 사피엔스고시
주소 경기도 고양시 일산동구 중앙로 1233 현대타운빌 524호
대표전화 031)902-5773
팩스 031)902-5772
등록번호 제2017-000057호
ISBN 979-11-962171-4-3 03330

* 가격은 뒤표지에 있습니다.
* 파본은 교환해 드립니다.
* 이 책에 실린 모든 내용에 대한 권리는 사피엔스고시에 있으므로
  무단으로 전재하거나 복제, 배포할 경우 법적 처벌을 받을 수 있습니다.

이 책은,
나의 응원자,
아들 준의 생일 선물로 보낸다.
엄마를 응원하고, 기다려줘서 고맙다.

책이 나오기까지

직장인들은 일을 마치고 책을 펼치는 순간,
그냥 눈이 감긴다.
글이 눈에 들어오지 않는다.
글을 읽는 것 자체가 노동이고 사치다.

그냥 SNS 글처럼 편하게 보시라고,
이 책의 편집을 최대한 간격을 띄웠다.
눈길 가는 대로 물 흐르듯이 따라오길 바란다.

편하게 쓸게.

계약직으로 하루 10시간 일하면서,
2015년 1월. 직장 앞 독서실 잡고 3월부터 본격적으로 공부를 시작했다.
2016년 3월 친 서울시 9급 공무원 공채시험에 합격했다.
합격 후 신입 공무원 연수 이틀 전에 다니던 직장에 사표 내고 나왔다.

직장 그만두지 않고 공시 공부하느라,

1년간 주말은 밤을 새웠다.
습관이 무섭다.
합격하고 나서도 주말에는 잠이 안 와서,
한국사 전한길샘 네이버카페에 합격수기를 썼다.

한길샘으로부터 합격축하 크리스털 합격패가 도착했다.

현실 직장인 합격수기였는지라,
댓글이 계속 달리고, 쪽지는 하루가 멀다 하고 왔다.
2년이 다 되어가는 지금까지도 메일이 오고 있다.
간절히 합격을 원하며 공시를 준비하는 직장인들이다.

• 막노동하시는 분
• 계약직 직장인 — 중소기업, 대학교, 공공기관 계약직

- 3교대로 일하시는 분
- 공익 사회복무요원
- 주부, 백일, 돌 된 아기의 엄마
- 직장에서 잘나가지만 언제 잘릴지 모르는 가장
- 전업 수험생
- 공시 3~5년 장수생들 — 직장이나 알바와 공시를 왔다 갔다 하는

1년간은 최선을 다해 일일이 답변을 드렸다.
1년이 지나고도 쪽지와 메일이 이어졌지만,
서울시 발령 후 일하고 적응하느라 바쁘다는 핑계로,
제대로 된 답변을 하지 못했다.
나중엔 답변을 할 힘이 더 이상 남아 있질 않았다.

말이 9급이지, 대한민국 청년들이 한 번씩은 다 들러붙는다.
그야말로 **청년수능**이다.

만만치 않다, 일하면서 공무원시험 합격하는 것.
공시와 관련된 것이면, 비록 짧았지만, 그 고생한 기억들,
다시 꺼내보고 싶지도, 다시 생각하고 싶지도 않았다.

합격하고 나서 보면 알 거다, 이 마음.
합격 후 독서실에 있던 책은,
당시 공무원 준비한다던 독서실 총무님 다 드리고 나왔다.
돈 한 푼 안 받고, 미련 없이.

독서실에서 졸고 있을 때, 오며 가며 나를 깨워 주셨다.

당시 공부했던 기억은, 음~ 떠올리는 것조차 고통스럽다.
나는 강을 건넜고, 배를 떠나보냈고, 점차 잊혀갔다.
2016 합격 후, 이 이야기를 2년 넘게 묻어놓았던 이유다.

답변 못 한 쪽지, 메일들은 찝찝하게 내 맘속을 맴돌았다.
그렇게 1년이 지나고 2년이 다 되어 가니, 어느 순간,
여전히 쪽지는 계속 오는데,
'아! 나에게 이런 시절이 있었지.'
'내가 어떻게 공부했었지?'
기억이 가물가물해져 간다. 치매도 아닌데….
다시 꾸역꾸역 한길샘 카페에 들어가 본다.
질문 댓글이 계속 달리고 있다.

이 책은,
나에게 용기 내어 질문해 준,
그 한분 한분에 대한 답변이다.

이렇게 이렇게 하면 되는데 왜 포기하지? 안타까웠다.
그분들의 절박함, 그냥 묻고 지나쳐버릴 수도 없다.
하지만 고생했던 그 기억들을 다시 떠올리기는 싫다.

내가 타고 왔던 배는 기억에서 저만치 사라져 가고 있다.
그 배가 내 기억 속에서 완전히 사라지기 전에 기억의 배를 소환하기로,

한번에 다 쏟아붓고 완전히 떠나보내기로,
그렇게 잊기 전에 펜을 들었다.
그러면서 난, 내가 고생한 기억은 잊어버리기로 했다.

그냥 먼저 이 터널을 통과한 친구로, 선배로,
잔소리 많은 언니, 누나의 이야기로 편하게 물 흐르듯 봐라.
혹여나 내 이야기가 절박한 현실을 살아내고 있는,
단 한 사람에게라도 도움이 된다면 말이다.

2018년 깊어가는 가을에
이상희

CONTENTS

책이 나오기까지   004

PART I   들어가며

    01   청년들의 꿈이 공무원인 나라, 절망적   014

    02   이 책을 든 당신은 아마도   019

PART II   직장인 공시준비 Q&A

    Q1.   공무원 되고 싶어요. 직장 관둬야 하는 거 아닌가요?   028

    Q2.   공무원이 꿈인 전업 공시 장수생.
         돈이 많이 들어 가족들에게 짐이 됩니다.
         포기하고 직장으로 돌아가려는데, 미련이 남습니다.   031

    Q3.   취업 장수생이에요. 남은 건 현실 백수. 절망입니다.
         민간 취직은 포기하고 공시로 가야 하나요?   034

    Q4.   명퇴 앞둔 40·50대 직장인이에요. 공무원 가능할까요?   039

    Q5.   경쟁률 100:1이라면서요?   044

    Q6.   공시는 레드오션?   045

    Q7.   머리도 나쁘고, 스펙이 거지 같아요. 공부 잘하는 사람들과
         경쟁인데, 고등학교 내신 꼴등도 가능할까요?   046

    Q8.   고3 때 이리 공부했으면 서울대를 갔을 텐데….   049

Q9.	장애직렬 어떤가요?	050
Q10.	공무원 저소득전형인데요.	051
Q11.	주위에서 공시를 부정적으로 보는 사람들?	052
Q12.	7급 하는 게 나을까요? 9급 갈까요?	053
Q13.	가산점이 중요할까요?	054
Q14.	행정직 장수생이에요. 사회복지직은 힘들다던데…. 사회복지직으로 갈까 망설여집니다.	055
Q15.	첨부터 미친 듯이 빡세게?	060
Q16.	카공족, 민폐인가요? 독서실은 너무 잠 와요!!	061
Q17.	수험기간 중 썸, 연애 어떻게 해야 하나요?	062
Q18.	두 마리 토끼는 못 잡는다?	063
Q19.	여자 직업으로 공무원?	065
Q20.	수험생활 중 주위 사람, 가족들을 챙길 수가 없어요.	066
Q21.	주부, 엄마 공시생이에요.	069
Q22.	계약직 벗어나 정규직 되고 싶어요.	074
Q23.	공시 준비하는 거 주위에 알려야 하나요?	077
Q24.	직장인 공시생으로서 직장에서 갈등은 어떻게 풀어나갔나요?	078
Q25.	독한 거 아니에요?	092

PART III   합격은 디테일 속에

01	직장 앞 독서실 잡기 (3일 내)	094
02	독서실에서 합격 꿈꾸기 (1주일~2달)	096
03	강사 선택	101
04	교재 구매 (즉시)	105

05	강의 결재 (1주일 내)	106
06	1년간 인터넷 강의 진도 계획 짜기 (무조건 최단시간)	107
07	하루 계획 짜기 (이것도 무조건 최단시간)	112
08	1년간 시행되는 모~든 9급, 7급 시험 응시하기	113
09	프리패스 인터넷 강의 진도 빼기	114
10	혼자 복습하지 마라. 복습도 강의를 들으면서 해라.	122
11	프리패스+압축현장 실강 구슬 꿰기	123
12	본격 공부 방법 디테일	126

PART IV 나 자신을 경영하는 전문경영인

01	시간관리	151
02	돈관리	163
03	체력관리	168
04	멘탈(스트레스)관리	170
05	인간관계관리	204
episode 대통령님과 만남		209

PART V 시험 당일, 그리고 면접준비 Q&A

Q1.	시험장에서 문제풀이 순서는 어떻게? 시간 안배는?	216
Q2.	지엽적인 문제?	218
Q3.	시험 당일 에피소드?	221
Q4.	면접준비 막막합니다.	223
Q5.	공무원 면접은 그냥 성적순 아닌가요?	225
Q6.	면접 스터디, 할까요?	227
Q7.	면접 전날과 당일 컨디션 조절 어떻게?	232

| Q8. | 면접 메이크업, 받아야 하나요? | 236 |
| Q9. | 말이 쉽지. 하루 10시간 일하면서 1년 만에 합격하기 쉽지 않다. 비결을 한 마디로? | 238 |

PART VI 끝날 때까지 끝난 게 아니다

01	합격 후 신임리더 교육	240
02	나 자신에게 주는 선물	242
03	합격 후 자기관리	246

PART VII 공직생활 Q&A

Q1.	공무원 되고 보니 기대한 것만큼 진짜 좋나요?	256
Q2.	나이 40에 신규 공무원? 너무 늦은 거 아닌가요?	263
Q3.	현실 공무원에게 남은 건 승진밖에 없다?	264
Q4.	멘토?	265
Q5.	지금 일하는 곳?	268
Q6.	지금 하는 일?	272

PART VIII 나가며 275

PART
I

들어가며

01 청년들의 꿈이 공무원인 나라, 절망적

세계 3대 투자가 중 한 명인 짐 로저스가 2017년 여름 내한하며 한 말이다.
러시아, 중국, 미국, 세계 어느 나라를 가보아도,
이렇게 공무원에 목매는 나라가 없다 한다.

그런 그가 문재인 대통령과 만나,
공공부문 일자리 80만 창출정책에 상당히 회의적이며,
민간기업에서 일자리를 늘려야 한다고 말했다.
한국의 젊은이들은 그저 안정된 직장을 원한다며,
매우 실망스럽게 생각한단다.
이렇게 가다간 한국은 결국 쇠퇴할 수밖에 없다고.

만일 자신의 자녀가 창업을 한다면 어떨지에 대한 질문에,
창업으로 성공한 케이스는 드물고 대부분 망한다고 한다.
그럼에도 불구하고 자신이 사랑하고 꿈꾸었던 일을 하지 않는다는 건 매우 슬픈 일이라고,
하지 않는 것보다 해보고 실패하는 것이 더 낫다고 한다.

뭔 말이고?

지금부턴 내 생각이다.
저 사람은 그냥 자기가 부자라서,
실패해도 어마어마한 돈이 있으니까 저렇게 말하는 거다.

그러면서 민간기업에서 일자리를 늘려야 한다고 말한다.
말은 맞다. 그런데 …
20년전, 1998년, IMF 외환위기 와중에 대한민국 알짜배기 기업이,
수없이 해외로 넘어가면서 청년들의 양질의 일자리는 함께 사라져갔다.
그나마 살아남은 기업들은,
경영 효율 어쩌고 하면서 아웃소싱을 보편화해 나갔고.
모르는 사람 있나?
양질의 알짜배기 기업이 해외에 넘어갔다는 건,
미래 대한민국 청년고용 주권을 빼앗겨 버렸다는 거다.
기성세대의 금모으기 운동과, 미래 청년들의 취업생존권을 희생해서,
그렇게 나라를 살렸다.
그런 의미에서 난, 기성세대가 청년들에게 감히,
그 흔한 **노~오력** 타령할 자격이 있다고 생각하지 않는다.
아무리 **노~오력**해도 일자리가 사라진 민간기업에는,
청년들이 들어갈 자리가 없다.
나는, 사실상 이 나라는 청년들에게 빚을 졌다고 생각한다.

지금 이 사회는 청년들에겐,
마치 울타리가 걷힌 거대한 고아원 같다.
믿을 사람이 없다. 니가 믿을 건 자기 자신뿐이다.

기성세대는 더 이상 청년들에게 감히,
'니들은 풍족한 시대에 태어났다.'고 말할 자격이 없다.
나라는 살렸는지 모르지만,
반대 급부로 청년들은 대학을 졸업해도 갈 곳이 없다.
IMF 이전에는 그랬다더라.
웬만~한 대학만 들어가면 졸업도 하기 전에,

대기업 입사 원서가 학과 사무실에 턱!하니 도착해 있었고,
그 많고 많은 기업들 중에서 골라서 지원할 수 있었다고 말이다.

지금은 어떤가?
고용주권을 빼앗기고 있다.
알짜배기 기업과 기술이 해외로, 중국으로 넘어가고 있다.
그나마 남아 있는 대기업들은 고용을 늘리지 않는다.
국가로부터 그 많은 세제 혜택 등의 지원을 받고도,
'대기업 이익=고용창출'이라는 공식은 통하지 않는 시대다.
이건 그냥 인건비 장사하는 거다.

10대 대기업의 유보금 900조, 전체 상장기업 유보금 1,400조, 가계부채 1,500조 시대다.
대한민국 1년 예산이 400조대이다.
대기업 10개만 따로 섬에 떼어놓으면 대한민국을 2년쯤 운용하고도 남는 돈을 대기업은 사내유보금으로 쌓아놓고도 청년고용은 늘리지 않고 있다.
서민들은 돈을 쓰고 싶어도 이자 내기에 급급한데….

그러면 중소기업이라도 들어가야지?
청년들이 눈만 높다고??
대기업은 납품하는 중소기업의 납품단가를 후려친다.
이 중소기업이 고용의 대부분을 차지하는 것이 현실이다.
알잖는가. 현 대한민국 중소기업의 직원 복지 상황을.
중소기업은 후려쳐진 납품단가 맞추느라,
정년보장은커녕 최저임금 수준을 맞추기에도 급급하다.

대기업, 중소기업, 욕하는 거가? 지금?

아니, 양질의 일자리를 늘리든, 일자리를 양질로 만들든,
내가 사장이 아닌 이상, 이건 나도 니도 바꿀 수 없다.

그다음은 자영업. 자영업은 그냥 말 그대로 처참하다.
대한민국 자영업자들의 3년 생존율이 30%대라 한다.
자영업 창업자의 폐업률이 창업률보다 높다고 한다.
자영업자가 실패할 때 기회비용이 얼마인지 아는가?
프랜차이즈의 경우 평균 2억 원을 날린다.
2억 원은, 공무원 월급 200만 원 받아서,
한 푼도 안 쓰고 10년 가까이 모아야 만질 수 있는 돈이다.

대한민국은 IMF라는 국가적 재앙에서는 벗어났을지 모르지만,
바로 그 대한민국 청년들은 취업전쟁이라는,
새로운 지옥으로 빠져들고 있다.
청년실업률과 비정규직 증가율은 18년 만에 최고치를 찍었다.

전국민의 비정규직 알바화다.

IMF 전에는, 할 거 없으면 공무원 해라는 시절이 있었단다.
그 이후, 10년이 2번 지나고, 강산이 두 번 바뀌었다.
집집마다 공시준비 안 하는 집을 찾아보기 힘들 정도다.
주변에 사촌이든 조카든, 한 명씩은 공시준비생이 있더라.
이게 공시의 현 주소다.
청년들이 떠밀리다 떠밀려 공시에 몰린.
갈 데가 없는 거다.

우짜라고?? 니가 하고 싶은 말이 뭔데??

서론이 길었다.
대한민국 공시 준비생만 50만 명에 육박한다.
이제 이 책이 니 손에 들린 순간,
9급 공채라는 전쟁터엔 더욱 불이 붙게 될 거다.
바늘구멍보다 더 좁은 구멍을 통과해야 할 거다.

행시, 사시도 아니고, 나이 40에, 하물며 7급도 아닌,
고작 9급 합격해 놓고, 책까지 쓴다.
기가 찬다. 대한민국 말세다, 진짜. 뭐 대단한 거라고.

맞다. 뭐 대단한 거 없다. 그게 이 책이 나온 이유다.
까짓거 9급이다.
직장 다니면서, 제대로 공부한 지 1년 만에,
서울시 9급 공무원 공채시험에 합격할 수 있었던 이유.
그게 맹점이다.
9급을 만만하게 보다간 진짜 큰코다친다.
그깟 9급이나마 1년간 필사적으로 준비하지 않으면,
그것도 직장을 다니면서라면 쉽게 합격할 수 없다.
만만하게 계획 없이 덤비다가 장수생이 되는 덫에 걸린다.
그러곤 9급도 몇 년씩 해도 안 되더라는 소리를 한다.
니가 정말 9급에 합격하고 싶고, 제대로 하고자 한다면,
일하면서도, 1년간 빡쎄게, 니 모든 걸 걸고 도전해라.
안되는 공부 말고 되는 공부를 시작해라.

1년 금방이다. 죽을 것 같다. 그런데 안 죽더라.
'죽고자 하면 살고, 살고자 하면 죽는다.'
오래전 우리 이순신 선배님이 한 말씀인데, 맞더라.

02 이 책을 든 당신은 아마도

공무원을 준비하고 있거나,
한 번이라도 꿈꿔봤거나,
한때 공부하다 포기했거나,

전업 공시생, 취업 장수생,
민간기업 취업 전쟁에서 몰리다 몰려버린 청년들,
불안한 미래 걱정에 안정된 공무원을 꿈꾸는 직장인,
직장 다니다가 아이 하나둘 낳으면서 육아휴직 후 사표 내고,
아이를 키우면서 안정적인 공무원에 도전하고 싶은 30~40대 주부,
각자 다른 사연이 있을 것이다.

공무원, 박봉이다.
노량진에서 젊은 애들 3~4년씩 해도 떨어진다는데?
나이 어린 상사 밑에서 어떻게 그 나이에 시작하려고?

말은 맞다. 근데, 그게 다가 아니다.
IMF 1998년으로부터 햇수로 20년 차다.
양극화는 심해져 가고, 대한민국은 지금 굳건한 신분제로 가는 과정이다.

내가 잔소리를 책으로까지 낸 이유는,
그깟 1년, 죽지도 않을 고생하고, 그 열매는 평생 거둘 것이기 때문이다.
대한민국 마지막 사다리이기 때문이다.

그냥 내 이야기다. 나의 썰이고. 이건 답이 아니다.
목표에 도달하는 다양한 길 중 하나이다.
니 목표를 이룬답시고 현실 도피하지 마라.
가족들에게 니 짐을 떠넘기지도 마라.
니 밥벌이를 니가 해야 된다면, 기꺼이 떠안아라.
먹고 살기 위해서는 일을 해야 하기 때문에,
어쩔 수 없이 공시를 포기한다는 소리도 하지 마라.

일은 하기 싫고, 사회생활은 두렵고,
뭐라도 뽄때나게 한다는 소리는 듣고 싶고,
하다못해 부모 등쌀에 못 이겨,
마지못해 고른 게 공시준비생이란다.
하~ 번지수 잘못 찾은 거다.
제대로 하든가, 아니면 깨끗하게 손 털고 나가라.

특히나 직장인 공시생.
내가 누군가의 우산이 되어주어야 하는,
녹록치 않은 현실, 척박한 환경에서 두 다리 꼿꼿이 딛고,
목표를 이루기 위해 도전하는 멋진 친구들이다.

그대들의 말 한마디 한마디,
질문 너머의 보이지 않는 그 한숨 소리조차,
나에겐 모두 의미가 있고, 중요하다.
나 역시 홀로 긴 싸움을 했던,
불과 1~2년 전 나 자신의 모습이었기 때문이다.
길다면 길고 짧다면 짧은 터널을 먼저 빠져나왔기에,
그대들을 동생, 후배처럼 생각하고 가감 없이 이야기한다.

그깟 9급이,
공시 장수생에겐 탈출구고,
취업 장수생에겐 최종 직장이고,
또 어떤 이들에겐 마지막 꿈이고,
죽기 전에 이루고 싶은 목표고,
한 가장의 희망이다.

그런 너희에게,
이 책은 위로나 동기부여 목적의 책이 아니다.
동기는, 이미 니가 이 책을 집어든 순간 니 자신이 안다.
정신차리라고 쓴 책이다. 어영부영할 때가 아니라고.

난 그냥 니들이라고 부를 거다.
비록 얼굴은 모르지만 그냥 내 친구, 동생들 같다.
단지 먼저 간 내 길을 보여줄 뿐이다.
내 뒤에 오시는 분들은 어쩌면 나보다 더 빨리,
더 좋은 점수로 합격할 수 있을 거라고 생각한다.

책을 집어든 그대가 심지어 40~50대라 해도,
목표를 갖고 도전하는 내공이 있는 그대는 영원한 20대라고 생각하니까,
난 그냥 편하게 말 놓는다.
'니는 몇 살인데 나보고 이래라 저래라 하노?' 할까봐,
또 니가 궁금해서 네이버 뒤지고 할까봐,
쓸데없는 데 시간 낭비하지 말라고 — 지금부터 니 시간은 절대 시간, 1년이다 — 내 나이도 깐다.
2016년에 합격했으니까 딱 40에 합격했다.

아~ 또~ 깐깐한 그대들도 있제.
체질적으로 반말은 진짜진짜 싫어하는 사람들도 있더라.
나도 쪼~매 소심한 면이 있다. 상처도 간혹 받기도 하고.

그래서 부연설명을 한다.
'니'라는 말은, 세종대왕께서 중국어 『니(你)』를,
한글 발음 그대로【니】라고 본뜬 글이 아닐까 생각한다.
중국어 발음도【니~】고 한국어 발음도【니】다.
『당신, 그대』라는 존경의 의미를 담은 호칭어다.
그냥 막 내가 풀은 썰이다. 세종대왕께 물어볼 수도 없고.

목표를 가지고 도전하는 그대들을 존경하고,
응원하는 마음으로 부르는【니~】다.
이건 내 진심이다. 왜? 내가 겪었으니까.
오해하지 말도록. 이게 나의 최선이니까.

이 책은, 니가 지금 어떤 상황에 처해 있든 간에,
절박하게 9급을 1년 안에 붙겠다는 분만 보기 바란다.

단,

9급이 여러 선택 중의 하나로써,
여유 있는 집안에서 가족의 지원을 받아가며 용돈을 타 쓰거나,
놀 거 놀고, 여유로운 저녁 있는 삶을 찾아서 공무원 타이틀 정도 따려고 준비하거나,
공무원이 수천 가지 직업 중 하나의 선택이자 옵션인 분들은 조용히 덮고 나가라.

이 책은, 내신 1등급이 기본인 분들,
시험만 치면 가볍게 합격하는 분들이 볼 책은 아니다.
요즘 SKY도 간간히 9급으로 들어와서 하는 말이다.
우리 동기 중에도 SKY 있다.
이런 분들은 그냥 국어, 영어, 국사, 행정법, 행정학 5과목 기출만 풀고도,
3개월, 6개월 만에 붙는 사람도 있더라.
시간도, 돈도 여유로워서 그냥 공무원이나 한번 해볼까?
그런 분들이 볼 책은 더더욱 아니다.

굳이 1년이 아니어도 상관없고,
죽을 고생하면서 독하게 공부하지 않아도 되고,
가정의 든든한 후원 아래 정서적으로 안정감을 갖고,
학원비, 고시원비, 책값 걱정 없이,
오롯이 자신의 노력과 에너지만 투입해서,
가급적 고생 덜 하며 합격하는 게 제일 좋긴 하다.
그런 분들이 볼 때 나는 그냥 독한 여자일 테지만….

그깟 9급이 뭐라고 이깟 책까지 내느냐고 한다.

이 책을 굳이 볼 필요가 없는 그대들이 알아야 할 건,
니가 그렇게 부모, 가족 그늘 아래서 편안~하게 공부하고 있을 때,
너보다 안 좋은 조건에서 니 몇 배의 절박함으로,
이 시험에 달려드는 누군가가 있다는 것이다.

결과는, 그깟 9급조차도 **가장 절박한 사람이 붙는 시험**이라고 생각한다.

이들이 얼마나 절박하게 하는지 궁금하다면,

이 책을 덮지 말고 끝까지 가봐라.
그러면, 너가 환경 걱정 없이 공부하고 있다 하더라도,
니 맘이 편치는 않을 거다.
누가 붙든 난, 더 절박한 사람이 붙었으면 좋겠다.
그런데, 이러니 세상이 공평하다는 것일까?
여유로움 속에서는 절박함이 나올 수가 없는 법이지만,
절박하다고 모두 합격할 수 없는 시험.
여유가 있든 형편이 어렵든, 모두 합격이 쉽지 않다.
그래서 공시가 쉽지 않다는 말이 나오는 거다.

애초부터 9급 공무원을 목표로 하지는 않았지만,
어쩌다 어쩌다 9급 공무원에 도전하는 사람들 중에는,
부모님이 다 공무원인 사람들도 있고,
대기업 직장인이거나, 소위 은수저이거나,
안정된 환경에서 부족한 것 없이 자란 사람들도 있다.
이 사람들 역시 꽁으로 9급 공무원이 되는 건 아니다.
나름대로 가족들의 시간과 경제적 서포트를 받지만,
결국은 자신의 노력을 쏟아붓지 않으면 안 된다.
이런 결과로 9급이 된 분들 역시 인징해주고 싶다.
그 사람 자체의 노력에 의해 결정되는,
다시 말하지만 대한민국 가장 공평한 시험이라는 이유다.

혹여나, 고용주 여러분.
괜히 멀쩡한 직장인들까지 공시판에 끌어들이는 거 아닌가, 걱정 마시라!
난, 직장인은 기본적으로 월급보다 10배는 기여해야 한다고 본다.
그래야 회사고 조직이고 돌아간다.
난 연봉 2천짜리 계약직으로 일하면서,

연간 2억 원 이상 의료급여 재정 절감에 기여했다.
그 공로로, 시험 3개월 직전까지 시장표창, 장관상장도 받았다.

뭔 말이고?
시험 다가왔다고, 내 일 안 내팽개쳤다는 소리다.
내 자랑이가?
아니, 직장인은 돈 받는 만큼 실적을 만들어내는 거,
그게 최소한의 도리다.
집중해서 내 직장이 실적을 필요로 할 때 실적을 내줬다.
내 일도 제대로 된 성과 못 내면서 공부? 어림없다.
선택과 집중을 했다. 실적이 나오는 곳에 에너지를 썼다.
내 일에 실적을 먼저 내줘라.
그 다음에야 공부도 제대로 된다.
그래야 니가 공부할 때 미처 못 끝낸 일이 생각 안 난다.
이때 비로소 집중력이 생긴다.
물론 어렵다. 세상에 쉬운 게 없다.
쉽지 않기 때문에 이런 잔소리 책까지 나온 거 아니가.

난 일을 열심히 할 때마다,
공부할 때 쓸 에너지가 남아 있기라도 할까? 하는 걱정도 들었다.
막상 해보니,
배터리도 다~ 쓰고 난 뒤 풀로 충전해야 오래가더라.
배터리 어정쩡하게 쓰고 충전하면 배터리만 상한다.
남겨 놓지 말고 다~ 써라. 그때 그때 에너지는 나온다.
니 속에 있다. 니가 안 해봐서 모를 뿐.

난 서울시 9급 공채를 준비하면서,
노량진 압축특강, 면접, 시험 등으로 서울과 부산을 오갈 때마다,
KTX보다는 저렴한 시간대를 골라 비행기를 탔다.
비행기가 활주로를 달려서 이륙할 때는 늘 설렌다.
언젠가 나도 이렇게 거친 활주로를 지나,
비바람 몰아치는 구름을 뚫고,
성층권 궤도에 올라서 유유히 날아오를 거다.
이런 설렘 말이다.
비행기가 활주로에 천천히 들어서고 엔진이 웅~ 한다.
가장 설레는 순간이다.
엔진 소리는 내 심장을 쿵쾅쿵쾅 울린다.
비행기가 바람 소리처럼 휭~ 하면서,
활주로를 거침없이 달리다 순식간에 부~웅 뜬다.
아찔하다. 멀미 난다. 이 모든 게 단 몇 초 동안 일어난다.

뭔 말이고?
엔진이 다르다는 거다.
하늘을 날려면 비행기 엔진을 달아야 한다.
알맞은 엔진도 장착하지 않고 날려고 하니,
중도탈락, 공중분해, 자체폭파.
오토바이, 자동차 엔진으로 비행기를 띄울 수 있나?
계획 없이 달려드니 중도탈락, 장수생이 되어버리는 거다.
니가 치러야 할 대가, 투자해야 할 시간과 돈을 계산하고,
절박함의 엔진을 장착하고 날아야 한다.

자~ 이제 엔진 장착하러 한번 같이 가볼까?

PART II

직장인 공시준비 Q&A

Q1 공무원 되고 싶어요. 직장 관둬야 하는 거 아닌가요?
A1 널 씌워줄 우산이 없다면 직장은 관두는 거 아니다.

시험 전에 다니던 직장을 그만두고,
공부에 올인해서 합격한 케이스는 합격수기에 많다.
직장 관두고 합격한 사람들, 난 정말 대단하다고 생각한다.
그 공포스러움을 견뎌냈다는 것이 존경스럽다.

난 하루 10시간은 꼼짝없이 업무에 매여 있는 계약직으로 근무했다.
공무원합격 후에도 신임교육 이틀 전까지 일했다.
직장을 다니면서 공부를 하다 보니,
이거 아니면 안 된다는 압박감에서 벗어날 수 있었다.
이거 아니면 안 된다는 스트레스가 작용하면,
난 공부할 때 내 실력이 제대로 발휘가 안 됐다.
공포감 때문이다.

한 인터넷 기사의 주인공인 수험생의 이야기를 예로 든다.
중소기업에서 일하고 있는 40대 초반 가장,
영업직으로 일하며 불규칙한 소득에 불안감을 느낀 박 씨.
고민 끝에 안정적인 공무원 행정 7급에 도전하기로 결심.
행정학과 출신이라 전공을 살릴 수 있는 기회라 여겨서다.
아내의 동의를 얻어 2016년 말 퇴사를 결정했다.
처음 6개월은 박 씨의 퇴직금으로 생활이 가능했다.
6개월이 지나 퇴직금이 바닥난 후부터 가계 재무고민이 시작됐다.

이 고민은 2017년 응시한 공무원시험에서 모두 낙방하면서 극에 달했고,
부부 사이에 갈등도 커졌다.
이 이야기는 한 인터넷 기사의 재무설계 상담 사례다.
공무원 시럼 관련 기사가 아니다.

무슨 말이고?
시간과 돈에 대한 계획 없는 무모한 공시 도전은,
재정위기는 물론 가정불화를 몰고 올 수 있다는 말이다.
위 두 부부의 문제가 뭐냐?
공무원시험을 준비한다면서,
시간과 돈에 대한 계획 없이 막연하게,
'6개월 정도면 합격하겠지?'라고 생각한 거다.

- 첫 번째 : 시간. 퇴사 시점이 애매했다.
  공시 1년 계획도 없이 6개월 지난 2017년 합격을 목표로 했냐는 거다.
- 두 번째 : 돈.
  퇴직금으로 버틸 수 있는 기간은 고작 6개월이었던 거다.
- 세 번째 : 직급.
  9급 5과목도 벅찬데, 7급 7과목을 1년도 아닌 6개월에 끝내겠다고?

가장이 직장을 그만두는 순간 가계가 흔들리게 된다.
은수저가 아닌 이상,
대책 없는 실행은 대책 없는 결과를 가져올 수밖에 없다.

나는 한길샘 필기노트를 만난 후,
공무원 할 수 있겠다는 생각이 들어 독서실을 끊기는 했다.
허나 공부를 하면 할수록, '하~ 이게 가능할까?'
'합격하려면 직장을 그만둬야 하는 거 아닌가?' 고민했다.

공부할 양이 어마~어마~ 했다.
그런데도 나는 직장을 그만둘 수 없었는데,
이유는 단 하나, 합격할 거라는 확신이 없었기 때문이다.
합격수기 수십 개를 읽어봐도,
일 그만두고 공부해서 9급 공채에 합격한 사람은 많아도,
아르바이트 말고, 하루 10시간씩 전일제로,
일하면서 합격한 사람을 본 적이 없었기 때문이었다.
노량진에서 공부만 해도 2~3년 걸린다던데….
서울시 9급 공채, 무모한 도전, 안되면 어떻게 하나,
더더욱 직장을 그만둘 수 없었다.
계약직이나마 이 직장 그만두고 도전했다가 떨어지면,
그야말로 체면 다 구기는 거다.
나이 40 되어서 내 입맛에 맞는 계약직도 구하기 힘들다.
나 자신조차도 나를 믿을 수가 없었다.
그렇게 나에게 의구심을 가진 채로,
하루하루 맨땅에 헤딩하는 심정으로 시간을 보냈다.

하루에도 수없이 엎치락뒤치락,
두려움과 용기,
희망과 절망,
기대와 실망,
이 터널의 끝은 어디일까, 고민은 계속되었다.

내가 마음을 확 다잡으면 시작하리라,
자신감이 생기면 시작하리라,
그러나 그런 날은 결코 저절로 오지 않는다.
내일을 알 수 없는 불안감을 안고 한걸음 내디뎠다.

Q2 공무원이 꿈인 전업 공시 장수생.
돈이 많이 들어 가족들에게 짐이 됩니다.
포기하고 직장으로 돌아가려는데, 미련이 남습니다.

A2 터널은 끝이 있다. 동굴을 파지 말고 터널을 파라.
돌고 도는 쳇바퀴를 끝내라.

손이 왜 두 개인 줄 아나?
한 손엔 우산을 들고, 한 손엔 공시책을 들으라고.
일을 하면서 해라. 힘들어도 해봐라. 안 죽는다.
된다. 안 된다 하지만 말고.

니 꿈을 이룬답시고 가족에게 니 짐을 지우지도 마라.
돈 모아서 나중에 다시 공시 공부한다는 소리도 마라.
일을 하면서도 책을 눈에 바르지 않으면, 다 까먹는다.
그 시간만큼 또 버리는 거다.

어릴 적 공무원이 꿈이었던 사람 있었나?
직장인으로 살면서 지친 나머지 탈출구가 되어버린 거다.
그런데 공시 합격은,
네가 진짜 이루고 싶은 꿈을 이루기 위한 작은 목표에 불과할 뿐이다.
일을 하면서, 계획을 세워서 그 목표를 달성해라.
그 이후 정말 니가 간직했던 꿈을 이뤄가며 살아라.
합격하고 나면 또 다른 인생의 수많은 숙제들이 있다.
공시는 다만 니가 먼저 해야 할 숙제 같은 거다.

이거 합격한다고 뭐 대단한 성취를 이룬 것도 아니다.
몇 년씩 고민하다 장수생이 되고,
직장을 그만두고 공부하다가 다시 직장으로 돌아가고,
그런 도돌이표 같은 인생 살지 마라.
9급 공무원을 못다 이룬 꿈으로 남겨 놓지 마라.

니 꿈을 이루고 가족들에게 니가 힘이 되어라.
니가 마이너스수저, 무수저, 흙수저일지라도,
부모 형제 원망은 마라.
니 두 발, 두 손으로 낮에는 일하고 밤에는 공부해라.

힘든 거 안다. 난 작가도 아니다. 현직 서울시 공무원이다.
주중엔 하루 종~일 많은 민원인분들 응대하고,
39도 무더위에도 무더위쉼터 현장점검, 가정방문…
말 그대로 땀 흘려 일한다.
매일 땀으로 속옷까지 다 젖어서 사무실에 들어오지만,
그러고도 토요일 밤새워 이 글을 엮고 있는 거다.
너의 질문에 답하기 위해서.
쉽지 않다. 이 작업. 토요일 나도 쉬고 싶다, 쫌~
다시 직장인 공시생으로 돌아온 기분이다.

늦은 나이에 어렵사리 9급 공무원 합격했지만,
박봉이니 어쩌니 해도 이게 내 평생 밥줄이다.
그리고 여자 직업으로 어딜 가든 무시는 안 당하고 산다.
내가 볼 때,
1년 빠짝 노력해서 적어도 마이너스수저, 무수저를 탈피할 수 있는 게,
바로 이 9급 공무원이다.

대한민국 마지막 사다리.

우리 선조들이, 아니다, 선조는 너무 멀리 갔고,
우리 선배들이 주경야독하며,
전쟁터 폐허 위에서 나라를 일으켰던 그 DNA가 니들한텐 다 들어있다.
망할 듯 안 망하고, 이 세계사 역사에 반만년을 버텨온,
대한민국 사람들은 근복적으로 독하다.
잔인한 일제의 총칼에도 굴하지 않고,
대한독립 만세를 외쳤던 유관순 언니, 누나가 있었으며,
수십억 중국인도 못한 윤봉길 의사의 폭탄투척도 있었다.

더 말하면 끝도 없다. 그 각오로 덤벼들면 못할 것이 없다.
니라고 못할 게 뭐가 있노?

어제와 같은 내일을 살지 않기로 결단해라.

일하면서도 1년 안에 끝낼 수 있는 시험이다.
못할 이유가 없다. 궤도를 잘못 탔다면 바로 수정해라.
3년을 꿀었든 5년을 꿀었든,
결론은 앞으로 1년 안에 합격으로 끝내면 되는 거다.

남 까지 말고, 배 아파하지 말고,
남이 니를 보고 배 아프게 함 만들어라.
쟤~ 쟤~ 몇~년씩 하더니, 안 될 것 같더니만,
결국은 합격하네! 이런 소리 들어라.

Q3 취업 장수생이에요. 남은 건 현실 백수. 절망입니다.
민간 취직은 포기하고 공시로 가야 하나요?

A3 다른 대안이 없으면, 그래라. 하루라도 빨리.
절망을 절박함으로 바꿔 과감히 방향을 틀어라.

요즘 청년들 노오~~력이 부족하다고? 천만에!
대학 들어가자마자 알바에, 자격증에, 공모에, 학점관리에,
죽기살기로 취업준비하고, 해외 교환학생에, 없는 시간 쪼개서 자원봉사에,
적십자 헌혈센터에서 헌혈까지,
말 그대로 피땀 흘려 노력한다.

이들이 선호하는 대기업 입사 경쟁률은 평균 수백 대 일.
공시보다 더하다.
이렇게 저렇게 모두가 가고 싶어 하는,
민간기업, 공사공단, 금융권 원서만 100개 넘게 내고,
면접에서 영혼까지 탈탈 털리고도 남은 건 현실 백수다.
대학은 졸업유예생들로 넘쳐난다. 취업 시장의 현주소다.
연초 언론을 장식했던 00랜드와 같은 공공기관 및 금융권의 채용 비리,
사기업은 더 말할 것도 없이 대기업 노조의 노조원 자녀 채용 등등.
취업사다리는 이미 무너져 내리고 있다.
기회의 공평성이 점점 사라져가고 있다.

중소기업은 최저시급에도 못 미친다. 남는 건 알바.
이게 현 청년들이 처한 취업상황이다. 코너에 몰린 거다.

그 많다는 복지제도는 취준생 청년들한텐 해당 없다.
있다 해도 생색내기, 한시적일 뿐이다.
이것 또한 숙제다. 현직 사회복지 담당자에게 주어진….

저소득층에는 국민기초수급이 있다.
65세 이상 노인도 기초연금이 있고,
6세 미만 아동은 양육수당, 보육료 지원에,
2018년 9월부터는 아동수당까지 도입되었다.
장애인분들에게는 장애수당, 장애연금이 있다.

청년들에게 현실은, 고용은 절벽이고 복지는 없다.
청년들에겐 사실상 복지가 필요한 게 아니다.
일을 할 수 있게 해야 한다. 청년들은 취직을 해야 한다.
민간기업이 지역경제를 살리는 데 앞장서고,
900조에 달하는 10대 대기업유보금을 풀어서라도,
직접 청년 고용을 늘려야 한다.
이것도 저것도 안 되는 상황이다보니 청년들은,
몰리다 몰리다 공시에 발을 담글 수밖에 없는 것이다.

니들이 비빌 곳은,
부모도,
나라도,
민간기업도,
복지도 아니란 말이다. 니 편이 아무도 없다.
부모님은 니만 쳐다보고 있는데 니는 이러고 있다.
그게 지금 대한민국의 청년들이 처한 피눈물 나는 현실.
마치 이 사회는 울타리가 걷혀진 거대한 고아원 같다.

근데, 그런 니들도 세 가지는 가지고 있다.
젊음, 맨손의 절박함, 도전 정신.
이것도 그나마 9급 공시니까 통하는 거다.

우리나라는 6·25 전쟁의 잿더미 속에서도 일어났지만,
지금 청년들이 처한 상황은 전쟁 직후와 별반 다를 것이 없는 것 같다.
오히려 지금 청년들은 전쟁 이후보다 더 힘들다고 본다.
왜? 6·25 이후엔 모든 국민들이 '잘~살~아보쎄~' 하며,
노력하면 잘 살 수 있다는 희망이라도 있었으니까.

한 20대 공시생이 그러더라.
젊음은, 금수저 인생에게만 아름답더라고.
절망의 또 다른 표현이다.
같은 젊은이라도 사다리 끊긴 희망 없는 세대라는 것이다.
그게 무서운 거다.
부유한 시대에 살고 있다고?
마이너스수저, 무수저, 흙수저 청년들은 해당 사항 없다.
초 양극화 시대다.
부자는 더 부자가 되고 가난한 사람은 더 가난해진다.
정신 바짝 차려야 한다, 진짜.
폐허 같은 이 나라를 일으켰던 윗세대와 같은 절박함으로,
이 시대를 헤쳐 나가지 않으면 안 된다.

공시도 기회가 무한정 열려있지 않을 거라는 거.
공무원시험 제도가 언제 어떻게 바뀌게 될지 알 수 없고,
또는 열심히 공부하는 것만으로 해결할 수 없는,
성적 이외의 것을 요구하는 제도가 도입될 수도 있고,

인강 등 학원 수강료는 하늘 높은 줄 모르고 치솟고⋯.
하루라도 먼저 시작해서 빨리 끝내라는 이유다.
절망해라. 대신,
절박하게 해라.

나 역시 공사공단 정규직에 수없이 도전했다.
계약직으로 근무하면서 내가 원한 것은 단 하나,
정규직이 되고 싶다는 거였다.
계약직을 벗어나고 싶었다. 그냥, 부자도 원치 않는다.
부품 대접이 아닌, 최소한의 사람 대접을 받고 싶었다.

온갖 자격증, 봉사활동, 헌혈, TOEIC,
정치경제를 비롯한 시사상식, 직무능력검사,
모두 일하면서 준비했다.
당연히 공무원시험과는 방향이 다르다.
국민연금공단, 국민건강보험공단, 건강보험심사평가원, 근로복지공단 등,
원서를 몇 번이나 넣었는지도 기억이 안 날 정도다.
서류, 자격증, 스펙, 필기시험, 1차 실무면접, 2차 임원면접,
영혼까지 탈탈 털린 희망고문 끝에 공무원으로 방향을 틀었고,
그로부터 1년 만에 서울시 9급 공무원 공채에 합격했다.

난 이 계약직에서 어떻게 벗어날지 답이 없었다.
당시 나이 38의 아줌마. 최종 면탈만 수차례.
나이 때문일까? 아니, 내 실력 부족 탓이었다.
공사공단 직무적성 및 필기 상식 과목에서 절대 빠지지 않는 국사.
국사에서 계속 빵점이다.
공사공단 직무적성검사는 또 왜 이렇게 어려운지.

항상 필기 커트라인. 공사공단 면접은 2배수 컷이었다.
이러니 면접에 통과할 리가 만무하다.
공무원은, 말만 들어도, 상상만 해도, 그야말로 무서웠다.
국사를 만점 맞아야 합격하는 시험이라 들었기 때문이다.
공무원 도전은 나에겐 꿈도 꿀 수 없는 일이라 생각했다.

그때 만난 공무원 공부하던 지영이.
2014년 11월 가을 끝자락에 지영이로부터 소개받은,
공무원 한국사 전한길샘의 필기노트.
이거면, 국사, 해 볼 만하겠다! 공무원, 할 수 있겠다!
공무원으로 과감히 방향을 틀기로 결심하고,
2015년 1월 1일, 독서실에 입성했다.
이후 2015년 3월부터 본격적으로 공부를 시작해서,
2016년 3월에 필기 합격하고 6월에 최종 합격했다.

아무나 될 수 없지만, 누구나 도전할 수 있다.
나이 제한도 없다. 니 과거를 묻지도 않는다.
빽, 연줄, 나이, 외모, 스펙을 초월한,
오롯이 내 노력, 내 공부 실력만으로 합격할 수 있는,
가장 공정한 대한민국 마지막 시험, 바로 공무원시험이다.
투명하다. 공평하다.
그리고 그 기회가 바로 니 앞에 있다.
이건 끝을 본 사람만이 해 줄 수 있는 이야기니,
제발, 귀담아 듣도록.

Q4 명퇴 앞둔 40·50대 직장인이에요. 공무원 가능할까요?

A4 20·30 vs 40·50의 깔때기.

나이, 학벌, 성별, 스펙 제한 없이,
대한민국 18세 이상 모두에게 열린 기회가 대한민국 9급 공무원이다.

모두에게 공평하게 열린 이 기회가,
40·50에게는 새로운 기회이지만,
하다하다 막다른 골목에 이르러 마지막 선택이 된 20·30대에게는,
그들의 합류가 위기가 될 수 있다.

대기업 다니면서 그동안 돈도 좀 모아놨지만,
40대 중반 이후 벌써 잘릴 걱정하는,
허나, 자식들은 이제, 초, 중, 고등학생인 현실 직장인조차,
자식들 시집, 장가갈 때까지는 뭐라도 해야 되는데…,
이럴 때 9급 공무원은 고려대상 1순위다.
다음으로 2순위 공인중개사, 3순위 개인택시, 4순위 자영업 정도 되려나?

자영업을 10년, 20년째 하시던 분들 현장 말씀이다.
IMF 때도 이리 힘들지 않았다 한다. 매출이 최악이란다.
자영업 경기는 경제지표의 바로미터다.
직원 월급, 점포세 낼 날은 어쩜 그리 빨리 다가오는지.
직원들 월급 주고 월세 내고 나면,
정작 사장 본인이 가져가는 돈은 최저임금도 안 된다.

엎친 데 덮친 격으로 건물주의 전화가 온다.
받기가 겁난다. 점포세까지 올려달라 한다.
버티다 못해 한 족발집 사장님이 자신의 손가락을 잘랐다.
죽을 만큼 버텼다는 거다. 끔찍한 실화다.
이대로 자영업 할 바에야 그냥 죽는 게 낫다는 거다.
"장사 안되면 망하고, 잘되면 쫓겨난다."
대한민국 수백만 자영업자의 현 실태다.
죽을 만큼 고생해도 얻는 게 없다.
만만한 게 없다는 말이다.

직장인으로서 9급에 뛰어들면서 죽을 각오가 없다면,
나가서 장사? 해봐라.
건물주가 세 올리면, 그냥 접고 나가야 한다.
그러는 건물주도 자기 자식이 공무원 되는 거 바란다.
대기업 과장도 아들 9급 합격하면 소를 잡는단다.
현실은 전쟁터다.

40 · 50들 중,
'명퇴하고 슬슬 공부해서 늦게라도 하급공무원 들어가서 슬슬 일해야지'
라고 생각하는 사람이 있다면,
이들은 9급 공무원을 하급공무원이라고 우습게 보는 거다.
지금 공시는 IMF 전 공시와는 확연히 그 수준이 다르다.
나이 40 넘어서는 죽도록,
마지막 땀 한 방울, 밑바닥 정신력까지 끌어올려 집중하지 않으면,
단언컨대, 이 시험 합격 못 한다.
하급공무원이라 생각하고 슬렁슬렁 계획 없이 덤볐다간,
'하~ 9급도 보통이 아니네' 하는 소리나 하면서,

1~2년 하다가 결국 장수생이 되고,
여우 신 포도 보듯, '하긴 뭐 박봉에 그깟 하급공무원 시켜줘도 안 해'
'이 길은 내 길이 아닌가벼' 하며,
결국 포기하고 다른 길을 찾는다.
40·50 중년 직장인들의 명퇴는 지금도 진행 중이다.
그들이 공시로 넘어온다면, 공시는 전 세대를 포괄한다.
여기에 기본 실력을 갖춘 20·30 직장인들까지 공무원시험에 가세한다면,
9급 공무원 되기는 더 힘들어진다.

앞으로 65세부터 연금이 개시된다.
정년도 65세로 늘어날 거다.
50에 들어와도 15년은 정년보장이 된다는 거다.
아무리 박봉이라 해도, 대한민국에 정년이 보장되면서,
나이 제한 없이 공채로 들어갈 수 있는 직업이 있나?
공시 응시에 2008년까지는 나이 제한이 있었지만,
이후 폐지되어 지금까지 이어져 오고 있다.
나이 제한이 폐지되어서 20·30이 불쌍한가?
현실적으로는 그럴 수도 있다.
이제 9급까지 윗세대와 경쟁해야 하는 처지가 되었으니 말이다.
20년 전, 지금 40·50 취업하던 시절,
잘나가는 직장인들은 9급은 쳐다보지도 않았다는데,
이제는 상황이 변했다.

40, 50, 나이가 들어도 공무원은,
최소한의 자존감을 지켜가며 일할 수 있는 직종이다.
어디 가서 공무원이라 하면 적어도 꿀리지 않고,
풍족하진 않아도 내 자식 하나는 먹여 살릴 수 있고,

살아있는 한 연금이 나온다.
노후에 병원비가 없어 자식한테 손 벌리지 않아도 된다.

향후 현실 직장인들이 대거 공시에 가담하게 되고,
나처럼 직장인 현직 합격자가 계속 나오게 된다면,
폐지되었던 나이 제한이 부활되지 말라는 법도 없다.
빨리 시작하고 빨리 끝내라는 말이다.
현실 40·50 조기 퇴직자들이 공시를 고려하는 것이,
20·30에게 위협적인 일인가? 세대 차별인가? 아니다.
세대 무차별이다. 공평 경쟁이다.
합격수기에 엄마랑 아들이, 아빠랑 딸이,
나란히 합격했다는 글이 간간이 올라온다.
어쩌다 보니 대한민국 9급 공무원이,
20·30을 넘어 40·50까지 몰리는 깔때기가 되고 있다.

올해 한길샘 카페 합격수기에 보면,
나이 50에 합격한 합격생의 합격수기 첫마디가 이거다.
젊은 친구들한테 미안하다고.
아니다.
나이 50이면 체력적으로나 암기력 등 지적 능력으로나,
20대보다 절반쯤은 훅 떨어져 있다.
그걸 극복하고 이뤄낸 성취에 미안할 게 뭐란 말인가?

이 책을 든 분 중 20대가 있다면, 걱정하지 마시라.
50대도 하는 공부를,
니는 20대의 그 초롱초롱한 시력과 건강과 시간으로 같이 경쟁하는 거다.
50대가 니 일자리를 빼앗는 거라고 생각하나?

적어도 그분들의 기억력은 기하급수적으로 감퇴하고 있고,
허리는 무너져 내려 책상 앞에 앉아 있기조차 힘들다.
니가 20·30이라면, 50대보다 월등한 조건인 니가,
그냥 빨리 합격해서 나가는 게 답이다. 그거면 된다.
현실 대책이 9급밖에 없는 이 현실이 한탄스럽지만,
그조차도 기회라면 기회다.

Q5 경쟁률 100 : 1이라면서요?
A5 경쟁률 의미 없다. 객관식 절대평가라고 생각해라.

5과목 전과목 90점이면 합격하고 나가는 시험이다.
일반적인 객관식 자격증 필기시험하고 다를 바 없다.
자격증 5개 딴다고 생각해라. 범위가 좀 많을 뿐이다.
사람들이 착각하는 게,
공시를 무조건 상대평가라고 생각하는 거다.
공시는 내가 전과목 90점 맞아버리면 무조건 합격이다.
합격 점수가 높을 뿐이지 쉽게 말하면 절대평가다.
물론 현실은 전과목 80점 맞기도 쉽지는 않다.

**결국 니가 이겨야 할 상대는,
전과목 90점을 달성해야 하는 너 자신이지,
100대 1이라는 허수가 아니다.**

90점은 100점을 목표로 전력질주했을 때 나오는 점수다.
100미터 달리기 골인 지점까지 전속력으로 달리는 것처럼,
100점을 목표로 해야 한다.
1년간은 고시 준비하듯.

Q6 공시는 레드오션?
A6 알려진 블루오션이다.

잘 봐라. 사회의 흐름은 빠르게 변하고 있는데,
공시제도는 예나 지금이나 공평 경쟁 그대로다.

만약 9급 공채에 외모, 나이, 경력 등의 각종 제한이나,
해외연수, 자원봉사, 자격증, 어학 점수 등의,
흔히 말하는 스펙이 필요했다면,
이건 또 돈 있고, 집안 받쳐주고, 외모 되는 사람들에게,
절대적으로 유리한 시험이 됐을 것이다.
공시는, 물론 개인의 노력이 절대적으로 필요하지만,
돈과 집안 배경 등도 중요한 요소가 되어버린,
MEET, DEET, PEET 시험도 아니다.
그저 아무 걱정 없이 열심히 공부해서 합격만 하면 모든 것이 끝나는,
그야말로 황금시장이다.

경쟁이 치열하니 레드오션 아니냐고?
그 레드오션에서 성공하면,
그게 최고의 블루오션이라는 생각은 왜 못하나?

Q7 머리도 나쁘고, 스펙이 거지 같아요. 공부 잘하는 사람들과 경쟁인데, 고등학교 내신 꼴등도 가능할까요?

A7 못할 게 뭐 있노? 니 과거를 묻지 않는다.

바보 같은 질문이다. 이 싸움의 경쟁자는 바로 나 자신.
난 고등 내신 꼴등이었다.
고등학교 그 나이에 공부를 왜 해야 하는지 몰랐다.
딱 하나, 독서반에서 책은 읽었다. 맘껏, 내 보고 싶은 거.
적어도 여러분의 내신이 내 위라면 못 할 거 없다.
이 시험은 니 과거를 묻지 않는다.
아픈데 없이, 의자에 8시간 앉아 집중할 수 있다면,
고등학교 내신 꼴등도 붙을 수 있는 시험이라는 거다.

이건 절대적인 체력싸움이다.
머리는 어차피 고등학교 졸업하면 다 비슷비슷하다.
공시는 암기과목이다. 5과목 다.
그 5과목을 끊임없이 반복해서 암기할 수 있느냐의 싸움.
난 부모님께 감사한다. 건강한 체력을 물려주셔서.
체력으로 그냥 버틴 거다. 일하면서 공부하면서.
뭔말이냐고? 니가 하는 만큼 나오는 시험이라고!
니가 겁먹어서, 쫄고있는 그 시간만큼 니는 손해인 거다.
바로 계획 짜고 실행해라.

시험 당일까지도 내 머릿속의 지우개는 작동한다.

어제 보았던 내용인데, 오늘 보니 또 새롭다.
내가 치매가 왔나? 생각이 든다. 그건 당연한 거다.
나를 그대로 받아들이고, 매일 하던 대로 하는 수밖에.
내 머리가 돌이라는 걸 공부를 하다 보면 알게 될 거다.
나는 돌머리 인가보다~ 하고 쫌 하다가 포기하지 마라.
니 머리가 천재가 될 때쯤 합격? 그런 건 없다.

난 독서실 올라갈 때 이런 생각을 했다.
오늘도 난 돌대가리 깨러 간다.
독서실은 나의 채석장. 그러면 돌은 언제까지 깨야 하나?
시험을 치는 그날까지도 나는 돌을 깨야 한다.
인정하기 싫지만, 내가 돌머리라는 걸 인정하고 시작해라.
그 돌대가리도 공을 들이면, 합격이라는 작품이 나오더라.
쫄지 말고, 밑바닥부터 절박하게 시작해라.
니가 학창시절 공부 안 했었다면,
그때 공부 안 한 걸 후회만 하지 말고, 후회하면서 공부해라.
그때 공부 안 한 너에게 다시 온 기회에 감사하며….

니 학창 시절은 돌이킬 수 없다.
지금 니가 있는 자리에서 니가 할 수 있는 일을 해라.
니가 일을 하면서 공부를 하기로 했다면,
과거는 지나갔고, 현재는 present다.
너에게 현재는 다시 못 올 선물이다.
니가 집중해야 하는 건 언제나 현재밖에 없다.
니가 오늘을 어떻게 사느냐에 따라 미래는 너에게 다르게 다가올 것이다.

하~ 나도 망신살 뻗쳤다. 다 까발려졌다.

아들한테 공부 열심히 하라고 말할 명분이 없다.
이 책이 안 나왔다면 영원히 묻힐 수 있었는데,
니들 때문에 나의 흑역사를 깔 수밖에.

1) 직장인 : 하루 10시간 근무
2) 나이 : 40에 합격
3) 결혼과 출산 : 기혼, 한 아이의 엄마.
   젊은 여성보다 오히려 더한 체력 소모.
4) 전공 : 국어, 영어, 국사, 행정법, 행정학, 사회복지의 공시 6과목은,
   간호학 전공과 무관한 황당한 우주 이야기.
   결론적으로 비전공자. 절대, 겁내지 마라.
5) 학벌 : 지방대
6) 고등학교 성적 : 내신 꼴등. 수능점수 맞춰 대학 감. 역시 겁내지 말 것.
7) 가정의 여러 문제들 : 뚜껑 열어보면 문제없는 집 없다.
8) 남다른 스펙 : 직장 다니면서 수년간 공사공단 정규직 문을 두드렸던,
   취업 장수생

쪽팔리지만 나의 불리한 스펙이다.
이 불리한 스펙을 종합선물세트로 갖고 있었던 나.

세상은 누구에게나 불공평하다.
역설적으로 그래서 세상은 공평하다.
나한테만 불공평하게 보이는 게 아니기 때문에.
누구에게나 공평한 세상?
그런 세상은 결코 오지 않는다.
다들 각자 느끼는 불공평함 속에서 경쟁하고 노력하는 거,
그게 세상이다.

Q8 고3 때 이리 공부했으면 서울대를 갔을 텐데....

A8 억울할 거 없다. 지랄 총량의 법칙, 고통 총량의 법칙.

합격하고 1달간 서울시 인재개발원 교육 들어갔더니,
합격생들 대부분 그렇게 이야기하더라.
고3 때 이렇게 공부했다면 다들 서울대 갔을 거라고.
그래도 지금 이렇게 뼈 빠지게 공부하는 거 하나도 억울해할 거 없다.
요새 9급도 SKY 출신들 많이 들어온다.
우리 2016년 서울시 사회복지 9급 동기들 중에도 있다.

지방대 출신인 애가 감히 SKY 애들이랑 같은 월급 받고,
차별 없이 일할 수 있는 직장.
내가 볼 때 대한민국엔 이것밖에 없다.
SKY 애들이 억울하나? 아님 니가 억울하나?
게다가 수학! SKY는 수학 못하고는 갈 수 없지만,
공시는 수학을 안 해도 되잖아.
수학을 안 해도 되는 공시야말로 평등한 시험 아니냐고.
결론은 똑같다.
앞에 애들은 고등학교 때 미리 고생했고,
난 늦게 20년쯤 뒤에 고생한 것뿐.
게다가 아이러니한 건,
SKY 애들이라고 9급 준비하면서 공부 안 했을 리 없다는 거고,
일단 합격한다면 니가 억울할 이유는 하나도 없다는 거.

💬 장애직렬 어떤가요?

A9 **공평한 제한경쟁. 목표는 무조건 100점으로.**

대한민국은 장애인으로 살아가기가 굉장히 힘들다.
장애인이라고 봐주는 게 없다. 취업은 물론이다.
이건 불공정 경쟁이다.

난 직장인 공시생에게는 최혜국 대우 같은 거 주면 안 된다고 생각한다.
딱 깨놓고 니가 안 한 거지 할 수 없었던 게 아니다.
허나, 장애직렬만큼은 최혜국 대우를 받아야 한다.
장애직렬이 있다. 장애인 제한 경쟁이다.
대한민국 마지막 공평한 사다리라는 게 일맥상통이다.
난 이런 대한민국 공시제도를 사랑한다.
대한민국이 존재하는 한 지켜져야 한다고 생각한다.

장애 있으신 분들 두려워 마시기 바란다.
그리고 40점 과락만 면하자, 그런 생각하면 절대 안 된다.
그래서는 목표점수에 결코 다다를 수 없다.
그게 사람 마음이다. 최종 목표는 최대치를 잡아라.
목표는 100점으로 잡아야 한다.
그러면 80점이든 70점이든 나온다.
목표를 100점으로 하면 40점은 나오려고 해도 안 나온다.
그러면 합격하고 나가는 거다.

Q10 공무원 저소득전형인데요.
A10 이 기회를 발판 삼아 저소득 탈출해라.

국민기초수급자이든 한부모 저소득이든,
내가 드릴 수 있는 말씀은 딱 두 가지다.
1. 가능한 모든 노력을 다해서 빨리 저소득을 탈피할 것.
2. 요건이 된다면 저소득전형 제도를 이용하라는 것.

상황이 어떻든 저소득인 것 자체가 힘겹다.
돈도 없고, 육체적으로나 심적으로나 힘들다. 눈물 난다.
세상에 내 편은 없다. 공부하는 건, 사치다. 안다.
그럼에도 불구하고 니가 저소득전형에 해당된다는 건,
다른 누군가에겐 그것이 기회로 보일 수도 있다.
실제론 저소득이지만 저소득 혜택을 받지 못하는,
사각지대에 계시는 분들이 의외로 적지 않다.
이 자격이 유지되는 동안,
그것을 이용하여 니가 할 수 있는 노력을 다 하라고 말하고 싶다.
쉬운 것도 없지만,
그만큼 제한경쟁으로 인한 혜택, 즉 메리트가 있는 거다.
합격 후 나라에 받은 혜택, 떳떳하게 갚으면서 살 수 있다.
세상에 니 편이 없다면, 니 자신이 니 편이 돼라.
이렇게 해서 니가 기초수급, 저소득을 탈피할 수 있고,
최소한 대한민국에서 기죽지 않고 살아갈 수 있다면,
난 주저없이 9급 공무원에 도전하라고 권한다.

Q11 주위에서 공시를 부정적으로 보는 사람들?
A11 부정적인 사람은 끊어라.

부러워서 그런 거다. 니가 붙을까봐.
부정적인 사람은 제껴라.
수험기간은, 극도록 예민하고,
정신, 신체, 사회 신분적으로 나약해져 있는 상태다.
심지어는 가족도 내 편이 되어 주지 않는다. 처량하다.
지나가다 던진 돌에 맞아 죽을 수 있는, 개구리 신세.
그런 니 생각에 부정적인 영향을 주는 사람은 치명적이다.

독한 언니의 독한 비법이다.
간혹 친구든 연인이든, 부정적인 관계,
나의 에너지를 갉아 먹으며 상처받는 관계를 유지하는 사람들이 있다.
버림받을까 두려워서다.

끊어라.
니 인생, 니 나이 먹는데, 그런 사람들은,
수험기간을 갉아먹는 영혼의 [좀]이라고 말하고 싶다.
버림받을 관계라면 까짓거 버림받아라, 기꺼이.
그리고 니는 니 목표를 향해 달려가라.
합격 이후엔 그 사람들, 생각도 나지 않을 거다.

Q12 7급 하는 게 나을까요? 9급 갈까요?
A12 9급 가라. 5년 전후 7급 단다.

요즘 공무원 7급이 대기업보다 좋다고 나온다.
그렇다고 해서,
7급 본다고 7과목 붙들고 있다가는 날 새는 수 있다.
정말 뛰어난 능력, 비상한 집중력이 있다면 모르지만,
주위의 시선과 자신에 대한 과대평가 때문에,
7급 장수생이 되는 경우 허다하다.
장수생 생활에 지쳐 돈, 시간 따 까먹은 다음에야 9급으로 방향을 틀거나.
게다가 2021년부터는 7급 시험이 PSAT 중심으로 바뀐다.
7급 공부하다 여의치 않으면 9급으로 진로를 바꿀 가능성도 줄어든 거다.

9급이라도 빨리 붙어서 들어가라.
9급에서 보통 5년 전후면 7급 단다.
7급 준비하느라 몇 년의 시간을 소비하는 것보다,
그 노력으로 빨리 9급 다는 것이 더 경제적이지 않은가?
비록 9급이래도,
"직업이 뭐예요?" "공무원이에요."라고 하면,
"아, 네~" 한다.
굳이 9급이에요? 7급이에요? 안 묻는다. 가성비 최고다.

Q13 가산점이 중요할까요?

A13 있으면 좋지만, 없으면 더 절박하게 공부해야지.

까먹고 가산점 입력 못 해서 적용 못 받는 친구들 있다.
원서 접수할 때 단디 챙겨라.
가산점 0.5점 × 5과목 = 총점 2.5점 가산되고,
가산점 1점 × 5과목 = 총점 5점 가산된다.
500점 만점에 2.5점, 5점이 뭐가 대단하냐고?
엄청 크다. 0.01점 차이로 떨어진다.

웬만한 직장인들은,
워드 자격증을 갖고 있을 수 있으니 유리할 수 있겠다.
대학생 중 여유가 있는 친구들은,
가산점을 취득할 수 있다면 제일 높은 1점을 취득하는 게 좋다.
시간이 없다면,
예를 들어 굳이 컴활 1급 1.0점을 목표로 하기보다,
2급 0.5점이라도 따라.
난 컴활 2급이 있었고, 0.5점 가산점으로 시작했다.
합격자 중의 30%가 가산점이 없다.
그런데 가산점이 없다면, 가산점을 가진 사람들에 비해,
총점 −2.5점이나 −5점 뒤진 채 시작하는 거나 마찬가지다.
물론 절박하게 공부해서 전과목 100점을 받는다면,
가산점 따위 필요 없어지겠지만.

Q14 행정직 장수생이에요. 사회복지직은 힘들다던데…, 사회복지직으로 갈까 망설여집니다.

A14 행정이든 사복이든 먼저 붙을 수 있는 걸로.

행정과 사복은 같은 행정직군. 이 공무원이 그 공무원이다.
사회복지직 할 만한가요? 묻는 쪽지가 질문의 1/3.
할 만하지 않아서가 아니라 못 돼서 못 들어온 거다.
시켜주면 뭔들 못하리?
공무원이 못 돼서 안달인 시험에,
합격하고 나서나 할 배부른 소리는 지혜롭게 걸러 들어라.

좋은 자리 가려면 5급, 7급 가야지.
그 5급, 7급도 일 쉬운 거 없다.
급이 올라갈수록 책임감과 중압감은 더 늘어난다.
월급을 몇 배 더 받는 것도 아닌데.

옛날 그깟 말단 9급이 지금은 공무원 고시가 되어버렸다.
사복이든 일행이든, 먼저 붙을 수 있는 걸로 하라고.
시간, 돈, 체력낭비를 최대한 줄이라는 거다.
그렇게 사복에 먼저 붙으면 이 길로 가는 거다.
공무원, 나라 세금 받고 국민 위해 일하는 거다.
행정직과 비교하는 게 의미가 없다.
사복직 선배님들도 과장도 달고 동장님도 된다.
그리고 그런 기회가 점점 확대되고 있다.

사복이 힘들다는 이런 소문이 돌 때,
사회복지 2급 자격증 취득해서 얼른 응시해라.
아직 사복이 블루오션이라는 거다.
판도라의 상자를 열었나?
물론 나도 임용 1년간은 힘들었다.
그런데 신규는 어디 소속이든 다 힘들다.
난 지금은 적응돼서 할 만하다. 업무가 손에 익는다.
사복 힘들어서 안 한단 소리는,
도전하지 않았거나 실패한 자신에 대한 핑계일 뿐이다.
인지 부조화. 앞서 이야기한 '여우와 신 포도' 우화 같은.
힘든 보직을 맡아도 2년 뒤 순환보직이다.
그리고 무엇보다, 공무원, 편하려고 들어오면 안 된다.

난 시작할 때 행정직 9급 시험을 목표로 했다.
그런데 8개월 후 처음으로 응시한,
2016년 3월 서울시 사회복지 9급 필기시험에 덜컥 붙어버렸다.
필기 합격하자마자 면접 준비에 올인했다.
서울시 면접 장난 아니다. 인적성, 영어면접….
이후 행정직 9급 시험은 그냥 물 건너갔다. 아니, 그냥 보내버렸다.
면접이 정말 빡세다 보니 다음 필기를 칠 힘이 남지 않을 정도로,
다 쏟아부었고, 난 쓰러졌다. 그걸로 끝이었다.
찬밥 더운밥 가릴 때 아니다, 지금.

공무원은 행정, 사복, 큰 차이 없다.
사복이 쉽다는 말이 아니라, 행정도 고생이 만만찮다는 말.
결론은, 고생은 매한가지다. 편한 거 찾으러 오지 말라고.
경찰, 소방 등 특수직렬은 정말 고생이니 비할 바 못 되고.

공무원시험은 시간 싸움이다.
하루빨리 공시 탈출이 답이다.
이제 9급 공무원도 아무나 못 되는 시대가 올 거라 본다.
공무원 학원들 강의료 올라가는 추세 봐라.
2년 전에 비해 2배 이상 올랐다.
가난한, 일하는 소시민 공시생에게,
공무원은 꿈도 꾸지 못하는 시대가 언제 닥칠지 모른다는 거다.
양극화의 끝판왕이 올 거라 본다. 큰 사회 흐름을 봐라.

사회복지직은 보람이 있다.
국민의 세금으로 지원이 필요한 사람에게 사회복지서비스를 제공하는 일을 하는 공무원이다.
국민들이 피땀 흘려 낸 세금으로 맡은 일 하면서,
고맙다는 인사는 복지담당인 내가 다 듣는다. 하루에 10번도 넘게.
사회복지 업무가, 언론이 이야기하듯, 니들이 생각하는 만큼,
그렇게 죽을 만큼 힘든 일이 아니라고 말하는 거다.
물론, 어딜 가나 힘든 일은 있지만, 이건 만사 마찬가지다.

행정직들이 사회복지업무에 발령받고 나서 뭐라고 하냐면,
사회복지 업무가 처음 적응 2~3개월은 힘들어도,
오히려 급부적 복지행정이니만큼 일반행정업무에 비하면,
훨 수월하다고 한다. 이건 현직 행정직의 말이다.
행정직은 구청 모든 과의 모든 일을 다 돌아가면서 한다.
자칭 장똘뱅이라 하더라. 폄하가 아니라 팩트다.
그러나 사회복지직은 주로 복지 분야에서 일한다.
모든 일이 일장일단이 있고, 모두가 다 힘들다.
공무원이든 뭐든, 직장생활, 세상에 안 힘든 일이 없다.

뉴스에 나오는 사회복지 담당자에 대한 협박?
이런 거 타 직렬에는 없을 거 같나?
힘들지 않은 직렬 없다. 허나, 감당할 만하다는 거다.

고객이 무서우면 장사 못 하고, 거래처가 무서우면 사업을 못 한다.
민원이 무서우면 공무원이 되면 안 된다.
힘들다고 소문이 날수록 니들한테는 땡큐다.
지원자가 줄어들 것이고, 그만큼 그곳이 블루오션이 된다.
상대적 경쟁률이 적어 보이고, 커트라인이 낮아 보인다.
사회복지 자격증 있는 사람들만의 제한경쟁으로,
커트라인이 낮아지는 것이다.
실력이 떨어져서가 아니라, 사회복지직에 도전하기 위해,
자격증, 실습 등에 시간, 돈, 노력을 더 투자한 사람들만의,
제한경쟁에 따른 그만큼의 메리트가 있는 거다.
행정직에 비하면 대략 10~20점 정도의.

장수생들은 알겠지만, 점수가 일정 수준 올라가고 난 후,
합격 커트라인에 계속 머무는 사람들이 있다.
자신의 점수가 합격 컷 370~390 사이에서 왔다 갔다 하는 사람들.
니가 이 범위에 속한다면 뭔 말인지 알 거다.
올해 행정직을 0.01점 차이로 떨어졌다는 글도 보았다.
하~ 안타깝다.
행정직은 390~400을 넘지 못하면 사실상 합격은 불가능.
시간과 기회비용을 고려하면 빨리 붙는 것만이 답이다.
사회복지직 2016년 동기들 가운데 사회복지 전공자는 10% 미만.
현직에 와보니 전공자보다 비전공자가 더 많다. 관계없다.
똑같은 사회복지 자격증 취득하고 들어온 동기들이다.

못 붙을 짝사랑 같은 행정직을 고수하다 고시낭인 되느니,
이렇게 공시 합격해서 나가는 게 맞다.
영혼 없이 합격만 하라는 거 아니다.
자격증 취득 과정에서 자연스레 사회복지 마인드를 배울 수 있다.
그게 자기도 모르게 스며든다.
사회복지직이 행정직 대타라는 오해도 말기 바란다.
행정도 넓은 범위의 복지다.
동주민센터가 행정복지센터로 명칭도 바뀌고 있다.

그게 흐름이다.
그리고 실제로 현직 행정직 중에는,
일하면서 사회복지 자격증을 취득하는 분들이 늘어나고 있다.
이분들은 행정이 복지와 함께 간다는 큰 사회 흐름을 읽고 있는 거다.
굳이 행정직과 복지직을 가를 의미가 없다.
행정직과 사회복지지직은 결국 같은 행정직군에 속한다.

꿀팁

사회복지사 자격증 취득방법 : 기-승-전-온라인 강의다.
난 이 자격증이 없었다면, 1년 단기간 합격이 불가능했다.
만약 장수생이라면, 온라인 강의니만큼 1년이라는 시간을 들여서라도 사복2급은 반드시 취득할 것을 권한다.
사회복지2급을 온라인 강의만으로 취득할 수 있고,
시험은 인터넷으로 오픈북이다. 비용은 100~200만원.
1개월 실습이 포함되어 있다.
강의별, 시간별로 계획표를 만들어라.
인터넷으로 1년간 하루 2시간씩 할애해서 투자하면 된다.

Q15 첨부터 미친 듯이 빡세게?

A15 마라톤이다. 시작은 가볍게. 갈수록 빡세게 압축으로.

처음엔 공무원 할 수 있을까? 한번 해볼까?
하는 가벼운 마음으로 합격수기 먼저 보기를 권한다.
이 시험은 가볍게 시작하고, 절박하게 하루하루를 버텨서,
합격이라는 결과물을 만들어 내는 시험이다.

반대가 되면 안 된다.
첨엔 막 달려들어 단기간 끝내겠다고 초반에 힘 빼고,
막판에 힘에 부쳐 압축회독도 못하고 흐지부지하면 안 된다.
가볍게 시작해라.
시작은 가벼웠어도, 시간이 갈수록 절박해지고,
계획대로 진도를 뺄수록, 압축회독이 늘어날수록,
'내가 할 수 있겠구나.' 하는 자신감이 점점 늘어난다.
그게 굳어지면 자신감을 넘어,
이번 기회에 반드시 합격하고 말겠다는 절박함으로 바뀐다.

딱 1년.
지옥에서 벗어난다는 각오로 임하면 안 될 것 없다.
1년 계획을 세워라. 100세 인생이다.
1년은 고통스럽지만, 짧다.
지나고 보면 정말 기억도 나지 않는다.

Q16 카공족, 민폐인가요? 독서실은 너무 잠 와요!!
A16 괜찮은데… 쪼옴~! 눈치껏 쫌 해라. 눈치껏.

독서실, 조용하고 잠 오고 갑갑할 때 있다. 슬럼프도 온다.
적당히 음악도 있고 소음도 있는 카페에 가서 책보는 거,
기분전환으로는 나쁘지 않다.
근데, 음료 한 잔 시키고, 하루 종~일 죽치는 애들 있다.
너무 오래 있지는 마라. 그래도 갈 데가 없다, 배고프다?
그럴 땐 다른 음료, 돈 없으면 싼 거 하나라도 시켜놓고.
사장님도 장사를 해얄 거 아이가~ 장사를.
좀 오래 있겠다 싶으면, 사람 많은 데는 적당히 피하고.

나도 진짜 공부 안될 땐,
국사 필기노트 들고 사무실 앞 스타벅스에서 종종 개겼다.
가능하면 꼭대기 층, 그것도 사람 없는 맨 구석에 갔다.
사람이 너무 많을 때는, 적당한 시점에 눈치껏 나왔다.
독서실로 기어들어 가기가 진짜 진짜 싫을 때 있다.
가끔 찾아오는 슬럼프, 필기시험 끝난 직후 등.
그럴 땐 그냥 놀지 말고 필기노트 달랑 들고 커피숍 가서,
인터넷 강의 그냥 귀에 꽂아놓고 슬렁슬렁 놀 듯이 해라.
정~ 공부하기 싫을 땐 한 손에 딱 잡히는,
포켓암기노트 같은 작은 책도 있다. 그런 거 봐라.
그러다, 아~ 내가 지금 이렇게 슬렁슬렁 놀 때가 아니지,
하면서 다시 독서실 기어들어 가고 싶은 생각이 들 거다.

Q17 수험기간 중 썸, 연애 어떻게 해야 하나요?
A17 세상에는 남자, 여자, 공시생이 있다.

팩폭이다. 공시생은 남자도 여자도 아니다. 그냥 공시생.
괜히 멋있고, 잘생기고, 예쁘면 그만큼 썸 탈 확률이 높다.
그만큼 에너지를 뺏길 확률이 늘어나고,
또 그만큼 합격에 이르는 시간은 멀어진다.
이성 간의 선택적 무관심이 지금은 필요할 때고,
그게 자연스럽게 된다면 제일 좋다.
너가 합격하면 니가 그냥 보통 정도만 돼도,
훈남, 미녀 소리 들을 확률이 높아진다는 것만 기억하라고.
굳이 가꾸는 건 기꺼이 합격 이후로 양보해라.

없는 여친, 남친 만들지 말고.
있는 인연 깨지 말고.
상처 주는 관계라면 차라리 정리하라.

너의 시간을 좀먹는,
너의 영혼을 갉아먹는,
상처받기 두려워 어쩔 수 없이 유지하는,
그런 관계라면 과감히 정리해라.
그건 언제라도 깨어질 인연이니, 시간 낭비하지 마라.
그리고 합격하고 나서 인연은 다시 만들어라.

Q18 두 마리 토끼는 못 잡는다?
A18 누가 그러디?

사람 손이 왜 2개인 줄 아나? 두 마리 토끼 잡으라고.
직장, 9급 공시, 두 마리 다 잡을 수 있다.
이건 잡아본 사람이 하는 말이다.
남들은 어떻게 했는지 나는 모른다. 이건 나의 비법이다.
어떻게 두 마리 토끼를 잡을 수 있느냐고?
내가 발을 딛고 있는 그곳에서 집중하는 것이다.

두 마리 토끼는,
전업주부에겐 육아 등의 집안일과 공부가 될 수 있겠고,
직장인에겐 일과 공부가 될 수 있겠다.
난 직장에선 오로지 일 생각밖에 안 했다.
독서실에선 오로지 공부 생각밖에 안 했다.
집에선 집안일밖엔 생각 안 했다.
내가 있는 그곳에서 그냥 내가 할 수 있는 일을 하는 것.

그렇게 되면 어떤 결과가 나오냐? 미결이 남지 않는다.
집에 있는데 사무실 일이 생각날 일이 없다.
사무실에 있는데 집안일이 생각날 일이 없다.
공부하는데 일 생각, 집안일 생각이 날 일이 없다.
매 순간 난 모든 에너지를 다 소진한다.
에너지를 다 소진하고, 미결을 남기지 마라.

배터리는 방전되도록 다 쓴 후 충전해야 수명이 오래간다.

종로에는 서울시의 유명한 700세대가 넘는 쪽방촌이 있고,
중심업무지구인 종로 동주민센터의 복지와 행정업무는 만만치 않다.
난 사무실에서 온 에너지를 다~ 쏟아 내서 집중하며 일하는 스타일이다.
아무리 폭풍 업무가 쏟아져도,
난 그날 업무는 밤새워서라도 그날로 끝낸다.
내일은 또 내일 일을 한다.
난 직장에서 배터리를 다 써야 집에서 쓸 에너지가 생긴다.

집중하라. 미결을 남기지 마라.
사무실에서 에너지를 다 쓰고 나가야,
독서실에서는 공부할 에너지가 생기고,
독서실에서 에너지를 다 쓰고 나가야,
집에서는 집안일을 할 에너지가 생긴다.

Q19 여자 직업으로 공무원?
A19 꽃보다 9급 공무원.

원래 내 꿈은 스튜어디스였다.
대학 졸업 후 내가 첫 사회 문을 두드린 곳. ○○항공.
○○항공에 입사원서를 넣고 임원면접까지 갔었다.
뭐, 결과는 땡!
떨어졌으니 지금 여기서 니들한테 이렇게 꼰대 짓이나 하고 앉아 있겠지?

난, 비행기를 탈 때마다, 스튜어디스분들을 볼 때마다,
아~ 저 자리에 내가 서 있으면 얼마나 좋을까?
하는 환상에 빠진다. 이루지 못한 꿈도 꿈이니까.
한번은 승객들이 다 내리고서도 여전히 추억에 빠져서,
스튜어디스분을 물끄러미 쳐다보고 있었다.
스튜어디스분은 나에게 어디 불편하신 데 있냐고 물었고,
나는 '내 꿈도 스튜어디스였는데, 부럽다.'고 답했다.
그분은 다시 나에게 지금 무슨 일 하느냐고 물었고,
나는 공무원이라고 답했다. 부러워하지 마시란다.
그 스튜어디스분은 공무원인 내가 더 부럽다고 했다.
우린 서로를 부러워하며, 그렇게 인사를 나누고 헤어졌다.

공무원이 어디 가서 기죽을 군번은 아니더라.
니가 혹시 못다 이룬 꿈에 공무원이 되기로 마음먹었다면,
더 이상 후회도 미련도 두지 말고 앞만 보고 달려가라.

Q20 수험생활 중 주위 사람, 가족들을 챙길 수가 없어요.

A20 이기적인, 그러나 이기적이지 않은.
가족에게는 합격이 선물.

긴말 필요 없이 내가 읽고 도움이 되었던 글을 소개한다.

이기적인, 그러나 이기적이지 않은

부산 수영로교회 담임목사 이규현

인간은 누구나 이기적인 성향을 가지고 있다. 사람에 따라 정도의 차이가 있을 뿐이다. 자신의 행복에 꽂혀 살다 보면 다른 사람의 행복은 눈에 잘 들어오지 않는다.

문제는 지나친 이기주의다. 소위 me-ism이 성행하고 있다. 모든 것이 나 중심의 삶을 말한다. 자신의 행복을 위해 다른 사람의 행복을 빼앗고, 자신이 행복하려고 다른 사람을 불행하게 만든다면 잔인한 이기주의다. 그런데 긍정적인 면에서의 이기주의자도 있다. 가만히 보면 삶은 이기적인 것과 이타적인 것이 뒤섞여있다. 이기적인 것 같지만 들여다보면 이타적이다. 내가 살려고 돈을 벌고 밥을 먹지만 그렇다고 내 배만을 채우는 것은 없다. 밥을 먹는 것은 내 몸을 위한 것이지만 그 힘으로 가족과 이웃을 위해 산다. 공부를 열심히 할 때는 나를 위해 한 것으로 보이지만 세월이 흐르고 나면 공부한 것으로 세상에 기여하는 삶을 살고 있는 자신을 발견한다. 출세하여 나의 앞가림만을 할 요량으로 산 것 같은데 지나고 보면 공동체에 유익을 주며 살아간다.
나를 위한 공부가 아니라 남을 위한 공부로 자연스럽게 변한다.

나만 잘 먹고 잘 사는 일은 없다. 서로 도움을 주고받는 공생의 관계로 연결되어 함께 살아간다. 무엇보다 남을 행복하게 해주려면 먼저 내가 행복해야 한다. 내가 행복하지 않으면 남을 행복하게 해줄 수 없다. 자신이 불행하다면 다른 사람도 불행하게 할 가능성이 높다. 남을 학대하는 사람들은 주로 자신을 학대하며 사는 사람이다.
가끔 열심히 다른 사람을 돌보는 일을 하다 갑자기 주저앉아 버리는 사람들이 있다. 남들에게 너무도 착한 사람이라는 딱지가 붙은 사람이 있다. 누가 보아도 철저히 이타적인 삶을 살아온 사람이 어느 날 갑자기 깊은 침체에 빠져 허우적거리는 모습을 종종 본다. 왜 그럴까? 답을 찾는 데는 어렵지 않다. 자신을 돌보지 않았기 때문이다.
자신을 돌보지 않으면 반드시 부도가 나게 되어 있다. 자신을 돌볼 겨를 없이 다른 사람에게만 집중하다 자신의 삶을 방치해 버리는 것이 문제다. 결국 남을 돌볼 여력이 없어지고 자신의 삶도 흔들린다. 나를 위한 삶이 없는 타인만을 위한 삶은 불가능하다. 나를 살려 놓아야 남도 살릴 수 있다. 내가 힘이 넘쳐야 다른 사람을 활력 있게 섬길수 있다. 자신을 행복하게 해주기 위한 노력은 이기적이라 할 수 없다.

행복은 전염성을 가졌다. 내가 행복하면 주변의 사람들도 함께 영향을 받는다. 행복바이러스는 전염된다. 우울한 사람 곁에 있으면 함께 우울해진다. 행복하게 살아가는 사람들을 보면 괜히 기분이 좋아진다. 아름답고 행복한 이야기는 언제 들어도 지루하지 않고 좋다. 너무 주변을 배려하고 눈치를 보느라 자신의 삶이 없는 사람들을 보면 안타깝다. 이타적인 것은 좋으나 나중에 결국은 다른 사람에게 짐이 되고 피해를 입힐 가능성이 높다. 자신에게 충실하지 않고 자신의 삶이 풍성해지지 않으면 남의 신세지는 날이 올 것은 뻔하다. 내가 누군가를 돌보다 나의 건강을 잃었다면 숭고한 일이긴하나 진정한 의미에서 돌본 것은 아니다.

자신의 삶을 위해 투자하는 것을 이기적이라고 할 수 없다. 그것은 비판받을 일이 아니다. 자신을 가꾸고 돌보는 일은 누가 대신 해줄 수 없다. 누구로부터도 침해 받지 않는 자신만의 시간과 공간을 확보할 필요가 있다. 자신만을 위한 이기적인 삶의 축적은 곧 다른 사람을 섬길 수 있는 에너지원이 된다. 가끔 남들이 보면 사치로 여겨질지 몰라도 자기 몸을 자신이 먼저 환대해주어야 한다. 자기 자신보다 더 자신을 돌보고 사랑해줄 사람은 없다. 독서를 하고 몸과 정서적인 쉼의 여유를 가지는 것도 바로 자신이 해야 할 몫이디. 자기를 학대하지 않아야 한다. 긍정적 자기애가 필요하다. 자신을 사랑하고 돌보는 일을 위해 너무 눈치 볼 필요가 없다. 죄책감을 느낄 이유가 없다. 그것이 이기적이면서 이기적이지 않는 삶이다. 더 많은 희생과 섬김의 삶을 살려고 할수록 더 많이 이기적이어야 할 때가 있다. 착한 사람 신드롬이나 모든 것을 혼자 다 할 수 있는 것처럼 슈퍼맨 신드롬에서 벗어나야 한다. 나의 행복을 위하고 나를 사랑하는 일을 이기적이라 할 수 없는 이유는 나의 행복과 이웃의 행복은 긴밀히 연결되어 있기 때문이다.

Q21 주부, 엄마 공시생이에요.

A21 애만 잡지 말고, 내 목표는 내가 이루기.

자식만 키우지 말고, 님도 같이 커야 한다. 긴 인생이다.

"준아! 엄마 공무원시험 준비한다."
"엄마! 꼭 합격해!"

하루 10시간씩 외근과 평가의 연속인 업무를 마치고,
지친 몸으로 독서실로 기어들어 갈 때마다 머리에 떠오르는,
'엄마 꼭 합격해!'라는 준이의 한마디.
'그래, 꼭 합격할게.'
그러고, 1년 뒤 준이의 목에 공무원증을 걸어 주었다.
그게 나의 1년을 버텨온 힘이다.

행시도, 하물며 7급도 아닌, 말단 9급이 별거냐 해도,
난 스스로 성공한 인생이라고 생각한다.
약속을 지켰으니까. 내 소중한 아이에게.
엄마가 목표를 이루는 과정을 기다려주고 응원해주면서,
준이는 묵묵히 자기 할 일을 찾아서 했다.

워킹맘들은 대부분 이런 상황에 놓여있을 것이다.
아이한테 미안하다는 마음이 들 수도 있다.
그렇다 해도 입 밖으로 내지 마라.

말 안 해도 아이도 다 느낀다.
엄마도 자란다. 자라야 하고. 그러면서 아이도 같이 자란다.
그게 미안한 게 아니다. 사실.
엄마는 엄마의 일을 하고,
아이는 아이의 일을 한다.

니가 공시생이 되기로 목표를 잡았다면,
너에게나 아이에게나 땡큐다.
아이는 너의 결과만이 아니라 모든 과정을 지켜본다.
니가 책을 펼치고 밤새워 책상에 앉아 공부하는 모습을 지켜본 아이가,
어떻게 반응하는지 봐라.

일단 아이는 너의 귀찮은 잔소리로부터 해방될 것이다.
왜냐면 니는 니코가 석자니까.
그 이후엔 책을 펼치고 니 옆에 앉아서 공부한다고 널 귀찮게 할 거다.
엄마 이거 알아? 저거 알아? 하면서.
헐~ 엄마가 진짜 알고 있는지 아이도 엄마를 테스트한다.
엄마가 뭔 지구를 구하자고 죽자사자 저리 공부하는지.
그리고 그런 엄마를 경쟁자 삼아 공부한다.
그러다 자기 시험 기간이 되면 엄마에게 SOS를 친다.
엄마~, 국사 이것 좀 가르쳐 주세요~

애들 공부하라고 왜 잡나?
엄마가 밤새워 공부하는데 애는 집에서 놀 것 같나?
자식은 부모가 하는 것을 보면서 배운다.
내 새끼다? 내 뱃속에서 난 아이다? 구시대적 모성이다.
내가 못다 이룬 꿈, 내가 못한 것을 자식에게 바라면,

그것만큼 공짜심리가 어디 있는가. 아이 닦달하지 마라.

2016년 3월 엄마는 서울시 9급 공무원시험을 쳤다.
2016년 3월 준이는 반장 연설문을 썼다.
반장에 도전했고, 투표로 과반수 득표하고 반장을 맡았다.
잠잘 시간, 머리 감을 시간도 없는 공시생 엄마가,
연설문이라도 봤겠나? 학교라도 한번 찾아갈 수 있었겠나?
준이를 할머니께 전적으로 맡겼기에 신경조차 못 썼다.
준이가 반장이 되어서 좋기도 했지만,
준이가 엄마 도움 없이 이룬 성취라는 것이 더 좋았다.
엄마가 도전하는 동안 준이는 그렇게 홀로서기를 해갔다.
그리고 엄마는 2016년 3월 쳤던 서울시 사복 9급 시험에 합격했다.

이 책을 준이에게 보내는 이유다.
준아~, 이렇게 엄마가 늦은 나이에 내 앞가림한다고,
그렇게 너가 홀로서기 하게 해서 미안하다.
엄마를 응원해주고 기다려줘서, 고맙다.
차마 입 밖으로 내뱉지 못했던 말, 지면을 통해 전한다.

아이에게 니 꿈을 대신 강요하지 마라.
니가 꿈이 있다면, 물론 현실적으로 쉽지 않겠지만,
그냥 니 목표, 니 꿈은 니가 이루어라.
아이에게 협조를 구해라. 정중하게.
'엄마가 이루고 싶은 꿈이 있어. 너가 도와줄 수 있겠니?'
서로의 계획과 꿈을 응원해줘라.
엄마의 에너지는 자녀에게 줄 수 있는 가장 큰 선물이다.
또한 신비롭게도 아이가 주는 응원은,

엄마에게 그 어떤 어려움도 감내하게 하는 힘을 준다.

난 직장생활을 10년 넘게 했다.
준이를 전적으로 돌봐준 준이 할머니가 계셨기 때문이다.
적어도 수험기간만큼은 1년 정도,
친정이나 시댁에 전적으로 아이를 믿고 맡길 수 있다면 제일 좋다.
현실은 양가 부모님의 도움을 받는 게 쉽지 않지만….
집에서 전적으로 아이를 키우는 전업주부들은,
체력과 정신력이 정말 정말 쉽게 소진되어 버린다.
책을 들 마음의 여유, 시간적 여유가 없다.
집에서 애 보느니 밭맨다고, 어른들 말씀 틀린 게 없다.
나는 10년을 계약직으로 아무리 힘든 일이 많았어도,
애 보는 게 몇 배나 어렵다.
아이 보는 게 보통 일이 아니다.

직장인 공시생들도 힘들지만,
집에서 아이 돌보면서 공부하는 주부, 엄마 공시생분들,
진심으로 응원하는 이유다.
아이 보느라 서서 식은밥 먹고,
화장실 갈 시간조차 없는 현실 엄마들이지만,
그래도, 국가의 보육지원제도로 최대한 도움을 받아,
공부 시간을 확보하라고 말씀드리고 싶다.

현재 어린이집 맞춤형 보육이 시행되고 있는데,
전업주부라면 아이를 어린이집에 9:00~15:00까지 맡기고,
적어도 6시간은 자기 시간을 확보할 수 있다.
2시간은 집중적으로 청소, 빨래, 요리 등 집안일을 하고,

하루 4시간 정도는 확보할 수 있다.
이 시간 모든 집중력을 동원하면 온라인 강의 진도 충분히 뺄 수 있다.

취학 전 아이 엄마는 내 말이 무슨 말인지 알 거다.
내가 아이를 키울 때는 이런 보편적인 보육제도도 없었다.
국가가 보육료를 지원해주는 시대에 살고 있다.
기회를 사고, 시대 흐름을 타라.
공시에서 주부합격생들이 점점 늘고 있는 이유다.

목숨 걸고 자식까지 낳은 몸. 인생을 두 번 사는 거다.
자식 낳을 때 죽음을 통과한다. 겁날 게 없다.
시간이 꽤 흘렀지만, 나도 애 낳다 죽을 뻔했다.
애 낳으러 갈 때 보호자가 동의서에 사인까지 했다.
애 낳다가 죽어도 그 책임을 의료진에 묻지 않겠다는 것.
그만큼 상황이 위급했었던 기억이 있다.
한번 죽고 들어가기 때문에 엄마는 이래서 무서운 거다.

Q22 계약직 벗어나 정규직 되고 싶어요.

A22 정면돌파.

난 공공기관 계약직으로 10년 정도 일했다.
정규직은 아니었지만, 난 정규직 못지않게 열심히 일했다고 자부한다.
그럼에도 불구하고…,
내가 느낀 계약직은 통상 머릿수에 포함되지 않는다.
그냥 사람 취급을 못 받는 것 같다.
딱 깨놓고 느낌 그대로 표현한다면, 현대판 노예다.
계약직은 기한 있는 노예, 무기계약직은 무기한 노예.
내가 너무 예민한가?
계약직 10년 경험자의 솔직한 느낌이다.
계약직이란 걸 만든 사람을 원망도 해봤지만,
밤새 원망해 본들 내가 할 일은 내가 찾을 수밖에.

난 처음 사회생활을 병원에서 간호사로 시작했는데,
밤낮이 불규칙하게 바뀌며 일하는 게 내겐 죽음이었다.
3년을 버티다 병원경력을 살려 공공기관으로 이직했던 터.
다시 병원으로 돌아갈 수도 없다. 사면초가.
방법은 정면돌파.
내가 정정당당히 일하면서 공부해 정규직 직원이 되는 것.
나이 40을 앞두고 내가 마지막으로 선택한 그것.
대한민국 가장 공정한 9급 공무원 공채시험이었다.

월급이 많고 적고, 전공이 뭐고, 그게 중요한 게 아니다.
청년층 비정규직 증가율은 최고치를 찍고 있고,
젊은이들은 점점 벼랑 끝으로 몰리고 있는 듯하다.
젊은이들이 도전의식이 없어서, 바보라서,
또는 무사안일하게 살고 싶어서 9급에 몰리는 거 아니다.
현실 9급 공무원, 일은 쉽지 않고 박봉인 거, 다 안다.
그러나 그들에겐 9급 공무원이,
가장 현명하고 공정한 싸움이 되어버린 거다.
어쩌다 9급이 가장 공정한 대한민국 시험이 되었냐고?
이러니 대한민국이 망조라는 말이 나오는 걸지도 모른다.

그런데 혹여나, 공무원 일이 쉬워 보여서,
쉽게 쉽게 일하겠다는 생각으로 도전하는 사람이 있다면,
지금 아예 마음 접기 바란다.
직렬을 불문하고, 업무 장난 아니다. 빡쎄다.
예방접종이라 생각하고 새겨들어라.
정작 공무원이 되고 보면 어딜 가든 쉬운 게 없더라.
피 같은 국민들 세금 받아가며 일하는 직업이다.
쉽게 일할 수도 없고, 쉽게 일해서도 안 된다.
피 같은 세금 받는 사람답게, 피땀 흘려 일해야 한다.
또, 잔소리가 길었다.

우리 청년들, 노력하고 싶다. 정면돌파 한다.
언제든지 대가를 치를 준비가 되어 있다.
노력한 만큼 그 열매를 얻고 싶다.
새벽이고 낮이고, 절박한 심정으로 쪽지, 메일이 온다.

9급 공채, 쉽지는 않지만, 노력해도 못 이룰 꿈은 아니다.
아직까지 니가 하면 한 만큼은 결과를 얻어낼 수 있다.
직장인 경력 가산점이나 우대, 그런 거 없다. 공평하다.
그러기에 전업 공시생들보다 더 노력을 쏟아야 한다.
관련 경력이라면, 그조차 합격 후에 호봉에 반영되는 거지,
합격하기까지는 똑같은 선상에서 공정경쟁이다.
계약직이든 정규직이든 직장인에게 어떠한 혜택도 없지만,
역으로 직장인에 대한 어떠한 불이익도 없다.

일하는 것 하나만 해도 벅찬데, 서럽든 말든 어쩔 수 없다.
2018년 평창동계올림픽 쇼트트랙 여자 3000m 계주에서,
보는 사람마저 속이 시원하게 금메달을 목에 걸었다.
추월을 위해서는 더 빨리, 더 크게 링크를 돌아야 한다.
그러기 위해서는 너의 체력, 정신력을 키워야 한다.
더 많은 에너지가 필요하다.

내 글이 그대가 다음 한 걸음을 내딛는 데 힘이 된다면,
그것으로 이 책의 역할은 다한 거라고 생각한다.
계약직 직장인 공시생으로 이 싸움을 할 때,
난 홀로 걷는 이 길이 외롭고 두려웠다.
될지 안 될지 모르는 이 길을 내내 혼자 걸었다.
이제,
너 혼자만의 싸움이 아니라는 것만 기억해주면 좋겠다.

Q23 공시 준비하는 거 주위에 알려야 하나요?

A23 굳이 말하지는 마라. 근데, 알게 돼도 어쩔 수 없다.

사랑과 기침은 숨길 수 없단다.
사람은 영물이다.
니가 꿈을 안고 달려가는데, 눈치 못 챌 사람이 없다.
죄 지었나?
하긴 나도 처음엔 말을 안 했다.
그런데 어차피 어떻게든 알게 되더라.
니가 시간관리, 인간관계관리, 자기관리를 철저하게 하면,
니 주위 사람들은 끝없이 궁금해할 거다.
이 인간이 도대체 퇴근하고 무슨 프로젝트를 꾸미는지.
그러다가 나중엔 결국 알게 된다.
처음부터 주위에 알려서 협조를 구하고,
잘 이해시켜 니 편으로 만들 수 있다면 좋겠지만,
쉽지는 않을 거다. 이건 진짜 답이 없다.
니 상황에 맞게 해라. 멘탈 관리 잘 하면서.

세상이 내 편이 되기를 기대하지 마라.
알려지든 그렇지 않든 나는 신경 쓰지 않았고,
내 일을 하면서 꿋꿋이 공부했고,
하루하루 내 길을 갔다.
세상이 내 편이 되는 날이 언제냐?
내가 합격하는 그날.

Q24 직장인 공시생으로서 직장에서 갈등은 어떻게 풀어나갔나요?

A24 멘탈 관리, 그리고 죽도록 업무에 충실하기.

음~ 할 말이 많다. 아무래도 긴 이야기가 될 것 같다.

일, 열심히 했다. 물론 갈등도 있었지만 풀어나갔다.
직장 다니면서 다른 공부한다는 티내기 싫어서,
공무원 공부하면서부터는 더 열심히 일했다.
시험 3개월 직전, 보건복지부장관상장, 시장표창을 받았다.
상이 모든 걸 말할 수 없지만,
내 일에 최선을 다하지 않고는 상, 못 받는다.

난, 그래도 명실공히 공공기관이라는 곳에서,
2008년~2016년까지 햇수로 9년 동안,
의료급여관리사라는 계약직 근로자로 일하였다.
보건복지부 주관으로 간호사 경력자들을 각 지방자치단체에서 계약직으로 채용한 사람들이다.
국민기초 의료급여수급권자들의 건강증진과 의료급여 재정절감, 두 마리 토끼를 잡기 위해,
출장, 평가, 현장방문 의료급여사례관리 등,
하루 10시간씩 눈코 뜰 새 없이 일했다.
그러면서도 공무원시험 공부를 했고,
서울시 사회복지9급 합격 후 신임공무원 연수 이틀 전에 사표 쓰고 나왔다.

공공기관은 그래도 비교적 대한민국에서 안정적이고,
계약직이라도 그나마 대우를 해주는 곳이다.
왜? 냉정하게 말해서 계약직의 인격을 위해서라기보다,
공공기관 직원들도 자신의 이미지와 체면이 있기 때문에,
계약직 직원에게 함부로 대하지 못한다.
계약직 입장에서는 안전장치인 거다.
내가 근무하던 9년 동안 담당자는 6명이나 바뀌었고,
팀원들, 계장님은 12명이 수시로 들고 났다.
정말 좋은 분들도 많았지만 모두가 그랬던 건 아니다.
그걸 바라서도 안 되고. 직장이다, 여긴.
다~ 내 마음일 수 없다. 원래 사람 사는 게 그런 거다.
그래도, 9년간 계약직으로 일해 온 전 직장을 생각하면,
함께 고생한 담당 직원들, 같은 계약직 동료들,
늘 감사하고, 두고두고 가끔씩은 그리운 곳이다.
함께 일하고, 웃고, 지지고 볶고, 협력하고, 경쟁하면서,
내 30대의 전부를 보낸 시간들이었으니까.
그 치열한 계약직을 통해 난 나의 다이아몬드를 커트했다.

마침 지난주, 함께 일했던, 당시 생활보장계장으로 퇴직하신 허 계장님께서
나에게 전화를 주셨다.
퇴직 이후 초등학교 안전지킴이를 하고 계신단다.
일 끝나고 퇴근길에 생각났단다. 반가웠다.
내가, 계장님이 퇴직한 이후에도 가끔 생각날 만큼 열심히 일한 직원으로
기억에 남아 있었단다.
나보고, 열심히 일해서 여성국장까지 달라고,
격려와 응원의 말씀을 주셨다.
내 나이 정도 입사자들은, 6급 퇴직만으로도 감사하다.

6급도 쉽지 않다, 사실.
고생 끝에 계약직에서 벗어났고,
서울시 9급 공무원이 된 지금, 국장이 문제가 아니다.
이러나저러나 어쨌든 정규직 공무원이기 때문이다.
내가 느끼는 정규직공무원의 의미는 자유 그 자체다.
허 계장님께 기억해주시고, 연락해주셔서 감사하다고 말씀드렸다.
허 계장님은 온유하고 내공이 많이 쌓인 분으로 기억한다.
계약직 직원이 나 포함 3명이었는데, 늘 우리를 인격적으로 대우해 주셨고,
늘 배우는 자세로 겸손하게 공직생활을 하셨다.
덕분에 잘 지내고 있다고, 감사 인사로 통화를 마쳤다.

난 이 계약직 생활을 하면서, 아~ 내가 공무원이 된다면,
난 저런 팀장님, 저런 담당자의 모습을 배워야지,
또는, 난 저런 공무원은 되지 말아야지, 하며 9년 넘게 내공을 쌓았다.

내가 승진에 영혼을 팔지 않기로 결심한 것도,
내가 공무원이 되면 승진서열 안 까보기로 한 것도,
30대의 10여 년간을 계약직으로 보내다,
40에 공무원이 되어 내린 나의 결론이다.
니가 1년 뒤 공무원 합격 후에 이 파트만 다시 봐라.
내 말이 또 다르게 다가 올 거다.
이건 나중에 다시 얘기하기로 하고.

여하튼, 난 계약직을 벗어나겠다고 결심했다.
내가 새로운 꿈을 꾸고, 여기서 계약직을 벗어나겠다고 결심한 순간부터,
나의 태도, 눈빛 하나하나가 변했다.
왜? 나는 꿈이 있고, 기꺼이 대가를 치를 준비가 돼 있었기 때문이다.

그렇다고 현실을 허투루 살지 않는다. 자기 관리 철저하다.

사람들은 내가 말을 안 해도 다~ 느낀다.
뭔가 나한테 변화가 있다는 걸.
지 할 일은 다 하면서,
더 이상 계약직 을이 정규직 갑에게 보이는 굴욕적인 모습이 없다.
갑이 원하는 실적은 다 내주면서, 갑의 비위를 맞추지는 않는다. 뭐지?
그때부터 시작되는 건 바로, 갑질이다.
그저 남의 가십거리를 찾아 수군대기 좋아하는.
남의 꿈, 남의 기쁨이 그들의 배 아픔이 되는.
직장인 공시생의 멘탈 싸움은 여기서부터 시작이다.
나는 나 자신과도 싸웠고, 외부의 적과도 싸워야 했다.
하지만, 그 외부의 적조차 결국은 나 자신과의 싸움이다.

한번은 사무실에서 나와 직원 사이에서 크게 소동이 났다.
지금 생각해보면 무슨 일 때문이었는지 생각도 안 난다.
내가 기억하는 건, 영원한 을, 계약직인 내가,
영원한 갑, 정직원에게 한사코 물러서지 않고,
따박따박 말대꾸를 했던 거였다. 사무실에서.
1,000번을 참다가 한번 터트린 거다.
직원분도 사무실이 떠나가라 나에게 소리쳤다.
내 기억으론, 절이 싫으면 중이 떠나라는 뉘앙스의 말을 들었던 것 같다.
나도 잘~ 참다가 그날은 왜 그랬는지 모르겠다.
끝까지 참았어야 했었나?
그치만, 그때 내가 기억한 나의 심정은 그랬다.
더 이상 이렇게 노예처럼 살고 싶지 않다!
나도 사람이다, 인격이 있는!

그리고 나도 할 말은 해야겠다! 하고 덤빈 거다.
감히, 어디 계약직이 정규직에게 머리 빳빳이 쳐들고 말대꾸를 했던 거다.

매년 계약직을 평가하는 나의 평가 점수에 '미흡'이라는 말들이 오갔다.
정규직 직원, 갑이 주는 업무수행 평가점수에,
'업무능력 부족'으로 계약만료사유를 적으면 끝이다.
기간제든 무기계약직이든 매년 평가점수가 미달이 나오면,
계약직은 합법적으로 계약해지 사유가 된다. 잘리는 거다.
공무원 승진 6개월, 1년 늦어지는 것과는 차원이 다르다.
생계의 터전, 삶의 끈이, 한 해 한 해 정규직 담당자의 손끝에 있다.
담당이 바뀔 때마다 그 담당의 비위를 맞출 수밖에 없다.
인사발령이 날 때마다, 어떤 담당자가 올지, 조마조마하다.

10년을 열심히 커리어를 쌓고 실적을 내어도,
11년째 바뀐 담당자에게 밉보이면 그해 평가점수는 날아가고,
계약이 해지되어도 법적보호를 받을 수 없는 거다.
기간제계약직은 기간이 끝나면 그냥 잘린다.
무기계약직은 잘리지는 않지만,
매년 담당자의 손끝에 달린 그 평가점수를 받는다는 조건하에,
계약이 정년까지 보장되는 거다.
그게 무기계약직들이 받아들고 있는 계약조항이다.
파리 목숨.

내가 겪은 대한민국 계약직의 피눈물 나는 현실이었다.
'그래, 니가 나를 자를 수 있으면 한번 잘라봐.'
멋대로 해보라는 심정이었다.
정말 그때는 나도 왜 그랬는지 모르겠다.

계약직은 실적만 내주다,
담당 눈 밖에 나면 팽 당하는 소모품 같은 존재인가?
9년, 10년을 일해도 승진은커녕,
나이 40~50 먹은 경력 10년, 20년 베테랑 계약직들조차,
매년 새로 들어오는 새 담당자의 비위를 맞추어야 했다.
소진. 당시 나는 번아웃증후군이었는지도 모르겠다.
지금 생각해 보면, 그때 함께 했던 직원 분들도,
나 때문에 나름대로 고충이 많았을 거라고 생각한다.
보통 계약직들은 나처럼 하지 않고 적정선에서 예의를 지킨다.

대한민국에는, 다른 나라에서는 찾아보기 힘든,
'시 world'라는 세계가 있다.
수백 년간 유교의 영향 아래 여성들은 시집을 갔다.
시집에서는 시집의 법을 따라야 한다. 그게 질서다.
시집에서 며느리는 목소리를 함부로 낼 수 없다.
그런 이유로 대한민국 여성에게 한(恨)이라는 정서가 존재하는지는 모르지만,
아무튼 대한민국 여성들만이 가진,
그 한(恨)과 '시 world'는 여전히 건재하다.
21세기 요즘엔 뭐 '처 world'가 생겨났다고는 해도.

IMF 이후 20년간 계약직, 을이 무더기로 생겼고,
정규직원들의 세계인 견고한 갑월드가 세워졌다.
계약직은 갑월드에서 갑에게 공손해야 한다.
함부로 목소리를 낼 수 없다. 자발적 예를 갖춰야 한다.
을월드가 아니기 때문이다.
을의 운명이 갑의 펜 끝에 달려 있기 때문이다.
근데 어디, 을이 갑에게 자기 목소리를 함부로 낸 거다.

따박따박.

시 world의 잘못도, 며느리의 잘못도 아니다.
이건 갑월드의 잘못도 을의 잘못도 아니다.
그냥 그렇게 그게 당연한 것처럼 흘러온 거다.
단지 난 그 흐름을 거스르려고 한 거였다.
물이 흐름을 거슬러 반대 방향으로 가려고 하면,
큰 소용돌이가 일어날 수밖에.
그 정규직원분을 폄하하려는 것이 아니다.
계약직이라는 신 노예제도를 만든 누군가가 미워 죽겠다.
그 시스템이 이렇게 조직적으로 사람의 인격을 파괴하고,
사람과 사람 사이의 갈등을 조장하도록 만든 거다.

대인배는 소인배와 논하지 않는다고 했다.
무시하라고, 그리고 용서하라고.
한길샘은 강의 중에 이런 실질적인 멘탈을 잡는 말들을,
본인의 피눈물 나는 경험으로 얻어진 실패담과 성공담을,
가감 없이 쏟아내 주셨다.
난 한길샘의 실패담과 그걸 극복한 성공담을,
한 마디 한 마디 뼈에 새겼다.
그리고 그대로 실천했다.
그렇게 하루하루 계약직이라는 신분의 한계를 지우고,
체력적 한계를 뛰어넘으며, 돌대가리를 깨나가는,
이 힘겨운 싸움을 하루도 쉬지 않고 했다.
그리고, 난 이겼다. 그들이 아니라 나 자신을 말이다.
합격은 하루아침에 툭 떨어지는 선물 같은 게 아니다.
하루하루 나 자신과의 싸움에서 승리가 쌓인다.

합격 후 2년이 지난 지금,
그때 공부했던 한국사 내용은,
헐~ 아무리 기억하려 해도 생각이
나지 않는다.
그러나 그때 뼈에 새겼던 한길샘 실
패와 성공담은,
지금도 내 공직생활에 인생지침서와
같다.
그 수업 중 흘러가듯 한 주옥같은 이
야기들을,
합격한 지 2년째인 올해 한길샘이『성
공수업』이라는 책으로 엮었단다.
그 소식을 들은 휴일 오전, 눈뜨자마자,
슬리퍼 바람에 쌩얼로 광화문 교보로 달려가 결제하고,
빈자리를 찾아서 단숨에 읽어 내려갔다.

노량진. 1타 강사. 강사계는 더 정글 중에 정글이다.
한길샘은 『성공수업』에서,
어떻게 타 강사들의 시샘과 모함을 이겨내고, 용서하고,
당당하게 대한민국 공시 1타의 자리를 수년간 지켜내고 있는지 말한다.
이『성공수업』책에는 한길샘의 압축된 성공과 실패,
다시 지금의 더 큰 성공 과정이 녹아있었다.

그 더 큰 성공 이후에도 초심을 잃지 않고,
더욱 겸손하게 강의와, 교재 개발에 매진하는 모습을,
종종 한길샘 카페에 들어가서 들여다본다.
한길샘을 통해서,

실패는 늘 초심을 잃는 데서 비롯된다는 것을 철저히 배웠기 때문이다.
그렇게 한길샘은 나에겐 직장인 수험생 멘탈 관리에 처음과 끝이 되었다.
공직자가 된 지금도 업무 지침 다음으로,
내 손 닿는 곳에 이 책을 놓아두고 본다.
수시로 꺼내보는 인생필기노트, 인생지침서다.

공시를 시작했다가 끝을 못 보고,
중도에 포기하는 이들의 공통점이 뭔 줄 아나?
초심을 잃어버리기 때문이다.
끝을 못 볼 것 같으면, 시작하지 마라. 단호하게 말한다.
시간 낭비, 돈 낭비다.

나에게 공격이 있을 때마다 오히려 그것이 나에겐,
공시를 더 빨리 합격할 수 있는,
항해로 치면, 항구로 더 빨리 인도해주는 바람과 같은 역할을 했다.
바람은 폭풍을 일으키기도 하고, 어떨 땐 두렵다.
그치만, 그 폭풍에 휩쓸리지 않고,
내가 내 방향키를 단단히 잡고 간다면,
목적지에 너 빨리 다다를 수 있는 원동력이 된다.
난 내·외적 공격에 그렇게 대응했다.

어디 잘 되나~ 두고 보자. 이게 보통 사람의 심리다.
특별히 그 사람이 못돼서 그런 것도 아니다.
누군가의 눈에는 그냥 니가,
무모한 도전을 하고 있는 것으로 보이는 거다.
그때, '그래, 힘들어!' 하면서 주저앉지 말란 말이다.

주위에 이렇게 흔들어 주는 사람이 있을 때,
그때 비로소 니가 성장한다. 나도 그랬다.
한길샘 말씀처럼, 날 힘들게 하는 그들을 원망하지 않았다.
나를 성장시키는 건 나한테 나이스한 사람들이 아니었다.
나를 힘들게 하는 그 사람이 진짜 내 인생에 선물이었다.
나를 한층 더 업그레이드시키는 사람들이다.
니를 힘들게 하는 사람을 탓할 이유가 없다.
니를 공격해 올 때,
힘들다고 직장 그만두고 질질 짜지 말라고.

물론 좋은 게 좋은 거다.
나도 좋을 땐 잘 지냈고, 좋았던 기억도 많다, 사실.
허나, 이건 도저히 아니다 싶을 때, 맞장 뜰 땐 맞장 떴다.
부당한 대우에 숨죽이지 마라.
그리고 실력으로 널 함부로 대하지 못하게 해라.
니가 계약직으로 일하면서 성질만 가지고 일한다면,
1년 뒤 니는 그냥 계약해지다.
업무능력 부족이라는 지랄 같은 사유로 짤리는 파리 목숨.
니 실력을 쌓고, 직장에서 실적을 내줘야 하는 이유다.
나를 자르게 되면 조직이 손해를 입을 만큼의 존재감.
쉽지 않다.
난 그 난리통 속에서도, 공무원 합격하고,
당당히 사표 쓰고 나오는 그날을 머릿속에 그렸다.
내가 절대! NEVER! EVER!
밀려서, 잘려서 나가는 일은 없을 거라고.

▲ 주민 감사 연하장

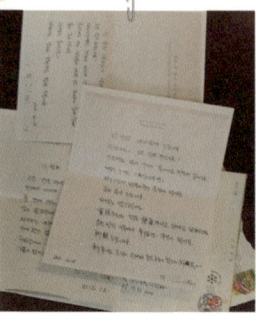

▲ 감사 편지

▲ 지역 신문 기사

왼쪽부터 시계방향으로.

1. 구청장상
−제195호(2010.9.7.)

2. 부산광역시장상
−제1824호(2011.6.28.)

3. 보건복지부장관상
−제15632호(2015.11.12.)

4. 부산광역시장상
−제2015-5242호
(2015.12.17.)

2015년 가을. 시험을 몇 개월 앞둔, 그 난리를 친 그 해.
계약해지니 어쩌니, 그 말이 나온 그 해.
내가 의료급여 업무총괄을 맡았던 우리 팀은 전국 최고 실적을 냈다.
우리 팀에 보건복지부장관 기관표창이 내려왔고,
나는 의료급여 우수사례 보건복지부장관 개인상장과,
부산광역시장 개인표창을 받았다.

보건복지부에서 우리 팀에 1주간 유럽 선진복지견학 포상이 내려왔다.
계약직은 3명이었는데 유럽견학 티오는 2명뿐.
누군가 1명은 양보를 해야 했다.
난 유럽 땅을 한 번도 밟아보지 못했기에 가고 싶었다.
20살 대학생 때부터 유럽 배낭여행은 내 꿈이었다.
당시 난 의료급여 업무총괄에다 3명 중 한 명은 나보다 후임이었기 때문에,
내가 가려고 하면 갈 수 있었다.
나는, 공무원 합격하면 얼마든지 갈 수 있다고 생각했고,
그래서 기꺼이 다른 2명의 계약직 동료 분들에게 양보했다.
그리고 난 그 시간에 독서실에서 더욱 공부에 매진했다.
정작 합격하고 보니, 신임 공무원이 장기간 휴가 내기는 쉽지 않더라.
뭐, 지금까지도 유럽 배낭여행은 내 꿈으로 남아있다.
그래도 후회 없다.
내가 가장 힘든 시기에 나와 함께한 동료들.
지금도 생각하면 늘 고맙고 미안한 마음이다.
그들도 마음으로 함께 한 거였다.

나를 힘들게 했던 직원은,
내가 서울시 시험에 합격함과 동시에 백기를 들었다.
왜? 인정하지 않을 수 없기 때문에.

안 될 거라 생각했는데, 됐거든.
나조차도 나를 확신할 수 없었으니 누군들 날 믿을 수 있었겠나?
사실은 정규직원들이 나를 힘들게 하기도 했지만,
그 직원들 역시 나 때문에 힘든 거였다.
평범치 않았던 계약직 직원 하나 때문에.

합격 후 그땐 그렇게 날 힘들게 했다고 생각했던 분들이,
그 누구보다도 날 축하해주고 기뻐해주셨다.
같이 고생한 거였다.
그리고 이젠 갑이나 을이 아닌,
동료로 언제 어디서든 다시 만나게 될 거다.
그들은 내 합격의 원동력이 된 사람들이다.
끊임없이 폭풍을 일으켜 더 빨리 항구에 도달하게 한.
퇴직하기 전 함께 고생했던 팀원들에게 거하게 밥도 샀고,
선물도 일일이 챙겨드리고 나왔다.
동료들의 축하를 받으면서 당당하게 사표 쓰고 나왔다.

나랑 유달리 맞지 않아,
사표 쓰기 직전까지 마음이 풀리지 않았던 직원 한 분이 계셨다.
그런데, 그분께서 내가 서울시 합격 후 사표 쓴 그 날,
나에게 오셔서 봉투 하나를 손에 쥐여주셨다.
축하한다며, 서울 가서 잘 생활하라며, 행복하라며….
나도, 감사하다며, 서울 올라오면 밥 사겠다며,
서로 덕담을 주고받으며 마지막 인사를 나눴다.

그 봉투에 든 돈은 이미 다 썼지만,
봉투는 차마 버리지 못하고 아직도 내 책상 서랍에 모셔져 있다.

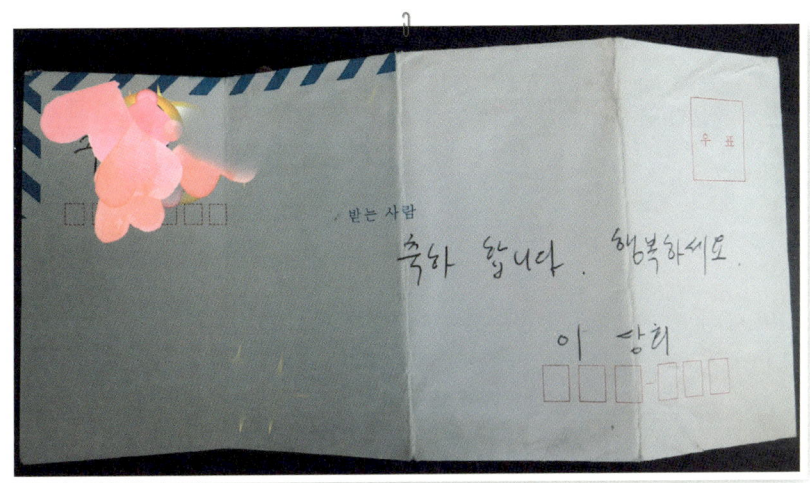

▲ 합격을 축하하며 동료가 전해준 봉투

마음이다.

만약 내 주위 사람들이 모두 다 내 편이 되어 주었고,
그래 그래, 잘한다 잘한다, 하면서 나를 다독여 줬다면,
내가 이렇게 절박하게 할 수 있었을까?
갈등은 있었지만, 나쁜 사람은 없었던 거다.
단지 내가 바람을 거슬러서 가려고 했을 때,
나를 더욱 빠르게 항구로, 목적지로 인도해줬을 뿐.
결국엔 모두 내 편인 사람들이었던 것이다.

Q25 독한 거 아니에요?

A25 계획대로 하루하루 사는 거다.

나이 40에, 아줌마가, 그것도 하루 10시간 직장 다니면서,
1년 만에 9급 공무원시험에 합격했다고 한다.
나보고 지영이가 그런다. 언니 차~암 독하다고.
근데, 난 독한 게 없다. 맨 앞의 표지를 펼쳐봐라.
내 얼굴을 봐봐봐. 어디 독한 데가 보이나.
난 소심하고, 상처 잘 받는 성격이다.

난 단지 한 가지만 한다.
목표를 세우면 그에 맞춰 계획을 세운다.
그리고 그 계획대로 그냥 하루하루를 산다. 그게 전부다.
막 독기를 품고 그렇게 할 필요도 없다.
그냥 하루하루를 살아가는 거다.

인생을 살아갈수록 내 힘으로,
내가 선택해서 할 수 있는 일이란 무척 제한적이다. 별로 없다.
내 부모도 내가 선택할 수 없고,
내 외모도 내 자식도 내가 선택할 수 없다.
공부하는 것.
이건 내가 계획을 세우고,
그냥 하루하루 내가 계획한 만큼 진도를 나가면 되는 일이다.

PART
III

합격은
디테일
속에

직장인 1년 수험 스케줄 및 TIP을 디테일하게.
오늘부터 1일. 대략 1년 300일 스케줄로 잡았다.

01   직장 앞 독서실 잡기 (3일 내)

허리에 좋다는 듀오백을 독서실에 갖다 놨다.
공부는 머리 말고 엉덩이로 한다.
허리가 아프면 엉덩이도 못 버틴다.
허리 아픈 사람은 돈 쓸 때는 좀 써라. 비싸도.

처음 독서실은 기어들어 간다는 표현이 맞다.
잠이 쏟아질 거다.
나 역시 하루 10시간씩 수많은 민원과 업무에 지쳐,
첨엔 1시간도 못 앉아 있었다.

그렇기에 집 앞 독서실은 추천하지 않는다.
집에 가는 차를 타는 순간 긴장이 풀려 피곤이 쏟아진다.
너무 피곤해서 주말에는 집 앞 독서실에서도 해봤다.
집 앞 독서실은 집이 눈에 보이기 때문에 긴장감이 없고,
그냥 집에 가서 쓰러지고 싶어진다.
시간도 버리고, 돈도 버리는 짓.
직장 앞에 독서실이 있다면 반드시 추천하는 이유다.

차선은 선택하지 마라. 타협하지 마라.

집에서는 더더욱 추천하지 않는다. 안된다.

직장인들은 그냥 쓰러진다.

주위 분위기에 잘 휩쓸리는 사람은 집에서도 마찬가지다.

직장에서는 회사 일만 한다.

독서실에서는 공부만 한다.

집에서는 집안일만 한다.

그냥 머리에 그렇게 세팅이 되어야 한다.

나는 토요일도 일부러 회사 출근하듯 독서실 출근을 했다.

꿀팁

직장앞 고시원, 원룸 (3일내)

- 집과 직장이 1시간 넘거나, 돌 볼 가족이 없는 분 전제

02 독서실에서 합격 꿈꾸기 (1주일~2달)

1) 독서실 의자에 엉덩이 붙이는 연습하기 (1주일-필수)

2) 이때 밥 먹고 앉아서 할 일은 합격수기 미친 듯이 읽기
- 한길샘 카페, 9꿈사 등 온라인 사이트 합격수기
- 『공시 합격을 위한 선한 영향력』『전효진의 독하게 합격하는 법』 등의 도서

난 첨엔 불합격 수기에 손을 댔다.
이렇게 하면 불합격한다…?
누군가 '그렇게 하지 마라.' 하면,
하지 말라는 것 자체가 머리에 남는 게 인지상정이라,
머릿속에서든 말로든 행동으로든 나온다.
자~ 봐라. 지금 니들한테 '코끼리 생각하지 마세요.'라고 하면,
니 머리에 떠오르는 게 뭐고? 그치? 코끼리.
그냥 불합격 수기는 시간 낭비다.

나는 그 이후 합격수기만 보았다.
직장 다니다 그만두고 공부하여 합격한 사람들.
나이 40 · 50 합격자들.
아이 엄마, 주부공시생 합격자들.
아~ 언젠가 나도 저렇게 합격수기를 쓰는 날이 올까?
처음에는 부러움으로 합격수기를 읽었다.
다음으로 '나도 할 수 있을까?' 생각했고,

마침내 '이 사람들도 했는데 내가 못할 건 뭔데?' 하는 생각에 이르렀다.
그들이나 니들이나 똑같은 사람이다.
니도 나이 먹을 만큼 먹은 사람이고, 직장인이고, 똑같다.
다를 거 없다. 쫄지 말고, 겁먹지 말라고.
독서실 오자마자 책상에 붙어 공부가 된다면, 미친 사람.
보통은 안 된다. 나도 그랬고.
내가 니들에게 1달 정도의 유예기간을 권하는 이유다.
그러다가 자연스럽게 엉덩이가 자리에 붙여지면,
하루 1, 3, 5시간씩 앉아 있을 수 있게 된다.
그 다음부터 직장인의 계획은 그냥 지켜지는 거다.
만일 진짜 죽어도 오늘 지키지 못한 계획이 생기면,
주말에 밤을 새워서라도 지켜라. 그렇게 된다. 하다 보면.

인터넷 들락거리며 합격수기 볼 시간도 아까울 수 있다.
카페 들어가 일일이 찾아보기 귀찮거나 시간이 없다면,
최대한 기회를 활용해라. 시간을 아낄 수 있는 기회.
지금 니가 봐야 할 책과 외워야 할 양은 가히 산더미.
시간이 없다.
밥 먹을 때, 멍 때릴 때, 피곤한데 잠이 안 올 때,
한길샘의 『공시 합격을 위한 선한 영향력』을 틈틈이 봐라.
한길샘 카페 수천 개 합격수기 중 압축·선별한 엑기스, 보약이 담겨있다.
나 공부할 땐 이런 압축 합격수기는 나와 있지도 않았다.
일일이 인터넷 뒤져가며 수십 개 합격수기 읽느라,
거의 한 달간 시간과 에너지 낭비를 많이 했다.
합격 후 이 책을 구입했지만, 다시 봐도 정말 엑기스.
한길샘에게 인사드리고, 사인까지 받았다.

 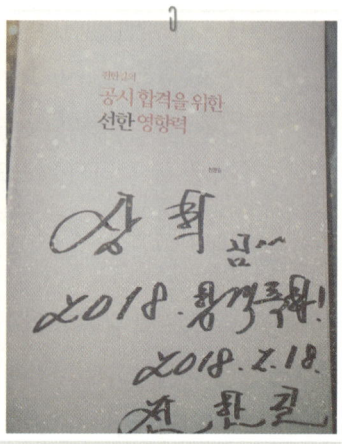

전효진샘의 『전효진의 독하게 합격하는 방법』도,
마음 다잡을 때 읽으면 좋다.

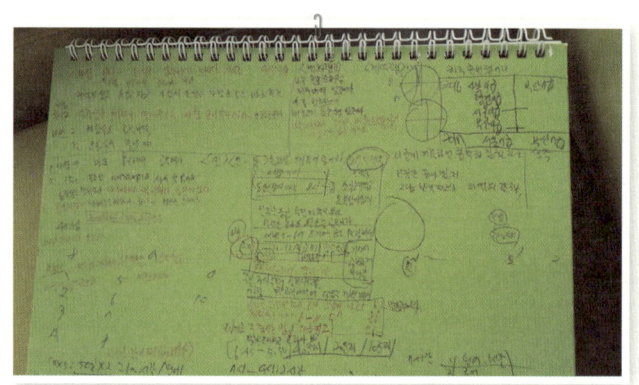

▲ 전효진샘의 독하게 합격하는 방법 강의를 듣고 메모한 내용

저자, 출판사들한테는 이런 말하기 정말 미안하다.
진짜 공부 안되고 멘붕 올 때가 온다.
특히 3, 6, 9, 12월에 집중된다는, 일명 3·6·9·12 법칙.
니가 진짜 책살 돈 1만 원조차 없으면,

퀴퀴한 PC방, 당구장 같은 데서 개기지 말고,
넓은 교보문고 나와서 바람도 쐬고,
매대 앞에 서서라도 읽어라. 이 책도 마찬가지고.

3) 합격 꿈꾸기 (2주~최대 2달간 유예기간)

- 저녁 식후 30분 졸음 오는 시간 활용.
- 이 과정 꼭 필요하다.

2015년 1월 1일 자로 독서실에 입성했지만,
2달 동안 졸면서 헤맸다. 쪽팔리지만 사실이다.
엉덩이 쑤시고, 허리 아프고, 잠 오고, 잡생각 나고….
독서실에 앉아만 있었지, 밥만 먹고 잠만 자다 갔다.
2015년 3월부터 엉덩이가 붙여지기 시작했다.
직장인은 퇴근하고, 밥 먹고, 독서실 올라가면,
잠이 엄청 쏟아진다. 하루 10시간 일하고 왔다.
그래서 이 시간이 반드시 필요하다. 적응하는 시간.
여기서부터 포기자가 나타나기 시작한다.
포기하고 도망가지 말라고!

잠 오면 한 달 동안 밥만 먹고 잠만 자고 가도 된다.
공부가 안돼도 마찬가지. 이때 할 일은 반드시,
합격수기를 읽으면서 놀아도 놀고 자도 자라.
단, 독서실 안은 코 골면 옆자리에 피해를 주니깐,
휴게실에서 엎어져 자라.
합격수기를 읽다 보면, 밥은 먹었고, 독서실은 조용하고,
아늑하다. 피곤해서 잠이 든다.

내가 방금 엎어져 자기 직전까지 본 게 뭐고? 합격수기.
비몽사몽 간에 합격수기가 머릿속에 오버랩된다.
그럼 나는 무슨 꿈을 꾸겠노? 그치. 내가 합격하는 꿈.
내가 합격한 모습이 사진처럼 그려진다.
그게 바로 꿈이다. 1년 뒤 너에게 이루어질 현실.
이 한 달의 합격의 꿈이 나를 1년간 끌고 가 줬다.

30분 자고 나서는,
'하~ 내가 이 소중한 시간을 잠으로 보냈구나.' 하고 비참함도 느꼈다.
그런데 그 비참함은,
내가 다음 인터넷 강의 진도 나가는 데 동기부여가 됐다.
그 자리에서 말짱한 정신으로 일어나 인강 진도 뺐다.

합격수기는 정말 중요하다.
시작할 때 합격 로드맵을 그리고 시작해라.
이 책도 그런 의미에서 나오는 거다.
승리를 전제하고 싸우는 싸움과,
무대뽀로 어찌어찌 시간만 보내면 되겠지, 하는 싸움.
어떤 싸움이 더 효율적이겠나?
이기는 게임을 시작해라.

③ 강사 선택

1) 합격수기 읽으면서, 강사 체크하기 (1주~2주간)

  – 과목별 최다 추천 강사 체크 : 강사별【正】자 긋기

강사 선택은 니 마지막 사랑을 찾는 과정이다.
난 6개월간 강사, 강의, 책을 수시로 엎었다.
국사 한길샘 만나고 공단기 만난 지 8개월 만에 합격했다.
마지막 사랑만 제대로 만나면 된다.

한해 한해 공시 시장은 빠르게 변한다.
학원을 선택하지 말고 강사를 선택해야 한다.
니가 맘에 드는 강사가 있는 학원을 선택해라.
강사 선택 제대로 해서 1년간 쭉 밀고 가라.
그 때문에 공시 학원가가 강사 영입에 공을 들인다.
돈 아낀다고, 무작위 패키지 강의,
니가 맘에 들지도 않는 강사 꾸역꾸역 듣지 마라.
그러면 또 1년이 간다.
이거 할까 저거 할까 고민하느라 시간을 낭비하지 마라.
시행착오를 줄여라.

2) 체크한 강사 맛보기 강좌 1강씩만 듣기 (1주일)

엎치락뒤치락하지 마라.

여기서 장수생과 단기합격생이 갈린다.
결정장애가 있다면 합격자들 최다 추천 수대로 가라.
강사 강의 선택은, 음… 비유가 될지 모르겠지만,
마치 배우자를 고르는 것과 같다.
배우자 선택이 중요한 것처럼 강사 강의 선택이 중요하다.
나랑 맞는 강사 강의를 선택해야 공시 인생길이 평탄하다.
다만 어장관리, 썸은 한 달 이내로 끝내고,
빨리 본격 연애로 들어가라.
선택에 너~무 많은 시간을 들이지는 마라.

신중을 기해 강사를 선택했는데, 강의가 맘에 안 들더라?
바로 갈아타라. 단, 갈아타는 기회는 한 번으로 족하다.
강사를 갈아탈 때는 강의 진도를 5강을 넘지 마라.
200강 넘게 함께 가야 할 강사다.
중간에 또 바꾸게 되면 또 그만큼 시간 낭비, 에너지 낭비.
수험기간은 길어지고 둘러 가는 인생 된다.

이 이야기에 전적으로 의지할 필요도 없다.
니 걸로 취할 건 취하고 버릴 건 버리고,
니가 볼 강의, 강사는 결국 너 자신이 선택해야 한다.
남이 좋다 해도, 그 스타일이 본인과 맞지 않으면 끝이다.
강사 선택할 때, 난 이런 생각이 많이 들었다.
장삿속이라는 생각. 전부 다 자기 잘났다는 소리다.
왜? 강사 세계는 1타만 살아남는 더 혹독한 경쟁세계거든.
공시는 수험생인 너에게나 학원 강사에게나 냉정하다.
니들도 합격하든지 떨어지든지 둘 중 하나다.

강사 역시 뜨든 묻히든 둘 중 하나다. 전쟁터다.
강사들끼리 니가 잘났니, 내가 잘났니, 하는 사이에서,
공시생들은 뭐가 자신한테 최선인지 몰라 박터진다.
자신의 촉을 믿고 최선을 다해 선택할 수밖에 없다.
난, 합격자들의 추천 수와 교재 판매 매출 순위,
이 두 가지를 같이 봤다.

기왕에 돈을 투자해야 한다면, 합격자가 많이 소개한 강사,
합격자를 많이 배출한 강사 강의를 선택하라.
장사가 된다는 건 그만큼 합격자가 나온다는 말이다.
난 이 책을 집어든 니들이 부럽다. 진심이다.
내가 겪었던 시행착오, 망설임의 시간들을 줄일 수 있을 테니까.
어장관리하는 시간, 썸타는 시간들 6개월은 번 거다.

3) 강사를 깐다?

- 부정적인 말, 생각하는 사람 멀리하기. 같이 죽는다.

간혹 시험에 떨어지고 나서 강사를 까는 사람들이 있다.
공부하고, 밥 먹고, 잠잘 시간도 없는데, 강사를 깐다.
하~ 대단한 용기다.
부정적인 건 독버섯과 같아서 무섭게 퍼진다. 끊어라.
그런 사람들과는 가까이하지도 마라.
정말 강사가 맘에 안 들면, 빨리 다른 강사로 갈아타라.
욕할 시간이 없다.

내 인생의 모토가 부정적인 사람은 가까이하지 않는 것.

강사를 우습게 보고선 절대 합격할 수 없다.
너의 소중한 시간과 에너지다.
안타깝게도 시간과 에너지는 무한정이 아니고,
시간은 마냥 널 기다려 주지 않는다.
전문가 앞에선 그냥 예~!! 하고 따라가라.
그게 여러분이 단기간에 합격할 수 있는 길이다.
강사를 비판할 시간에 강사의 커리를 그냥 따라가라.
왜? 난 아는 게 없으니깐.
그냥 강사가 시키는 대로 하는 게 미련한 것 같고,
죽을 것 같이 힘들고, 멀리 가는 것 같아 불안하겠지만,
우짜겠노? 1과목당 200강 넘는 커리 다 탔다.
그냥 멀리 돌아라.
비록 1회독밖에 못했어도, 이거, 쉽지 않았다.
급할수록 돌아가라는 말은,
비록 그 길을 돌아서 가더라도,
잘못된 길로 가는 것보다 결국은 빠르게 도착하는 지름길이라는 거다.

04 교재 구매 (즉시)

직장 근처에 공무원 교재를 파는 서점이 있다면,
퇴근길에 들러 직접 책을 보고 구매하는 것이 좋다.
배송을 기다리고 할 이유가 없기 때문에,
교재 내용을 볼 시간적 여유가 더 생긴다.
무언가 결의 같은 것도 더 다져지게 될 테고.
서점에서 직접 책을 구매할 때의 가장 큰 장점은,
책의 상태를 본인의 눈으로 직접 확인하고,
파본이나 인쇄 오류 등을 한번 걸러낼 수 있다는 거다.
책을 품에 안고 서점을 나설 때의 설렘과 뿌듯함은 덤.

주변에 공무원 교재를 판매하는 서점이 없거나,
도저히 서점에 들러 책을 살 시간이 없거나,
책값의 부담으로 약간의 할인이라도 필요하다면,
당연히 인터넷서점에서 주문해도 된다.
약 10% 정도의 할인과 적립 포인트를 얻을 수 있다.
더구나 요즘은 당일 배송이나 익일 배송이 일반화되어서,
생각보다 책 받는 게 오래 걸리지 않는다.
게다가 공무원 교재가 워낙 두껍다 보니,
대부분 분철 서비스를 제공하기도 한다.
다만 책을 받고 파본이나 인쇄 오류 등이 발견되면,
반품, 교환 등의 절차가 사람을 지치게 할 수도 있다.

05 강의 결재 (1주일 내)

내가 한 것만 말한다. 선택은 니 맘.
나는 100% 인터넷 강의로만 공부했다.
공단기에서 100만 원짜리 프리패스를 끊었다.
학원 실강은 비용도 비용이지만, 들을 시간이 없다.
직장 다니면서 학원 실강은 애초에 성립할 수 없으니까.
요즘은 인터넷 강의가 무척 잘 되어 있다.
프리패스니 환급반이니 하는 기회를 잘 살리면,
생각보다 저렴한 비용으로 튼실하게 공부할 수 있고.
돈이 늘 부족한 공시생들한테는 기회다. 가성비 짱이다.
기간을 정해서 프리패스를 선택할 수 있는데,
8개월짜리는 아무래도 합격까지의 기간이 짧아 무리고,
무제한은 양날의 칼이다.
진짜 수험기간이 무제한 된다.
난 2년짜리 환급 프리패스를 끊었는데,
8개월 만에 합격한 후 환급받았다.
정작 중요한 것은, 학원 이름이 중요한 게 아니라,
나에게 맞는 강사 강의가 있는 곳을 찾아가는 거다.
무조건 샘플 강의를 들어보고 나서 결정해라.

06 1년간 인터넷 강의 진도 계획 짜기 (무조건 최단시간)

매년 강의 진도는 비슷하니 전년도 강의 진도를 참고해라.
강의 진도표가 나의 시간표였다. 하루 평균 4~5강씩.

적응하고 계획이 몸에 배도록 하는 유예기간 약 2달.
이 적응 기간은 니 상태에 따라서,
일주일이 될 수도 있고 한 달이 될 수도 있다.
난 유예기간 동안 공부하는 법도 공부했고,
책이나 강사도 뒤엎었고,
인터넷 강의도 결재했다 취소했다, 별짓을 다 했다.
그 이후 2015년 3월부터 2016년 3월까지 무조건 계획대로 했다.
근데, 그게 그렇게 된다.
직장인은 인터넷 강의계획이 1년 스케줄 계획이다.

난 계획 같은 거 꼼꼼하게 쓰고 그러지 않았다. 대충 썼다.
그냥 하루 4강, 5강 진도 나가기. 그걸로 끝이었다.
계획을 짤 게 없다. 계획 짜는 데 10분도 안 걸렸다.
계획표를 작품 만들 듯하는 친구들도 있다. 시간 낭비다.
어차피 계획 거창해봤자, 못 지키고, 계획 짜다 지친다.
계획은 간단히!!! 실행은 칼같이!!!
달, 주, 일별 쫙 적고 몇 강. 여기까지 적는 데 10분.
다음 사진에도 나오지만, 계획이 반밖에 없다. 쓸 게 없다.
그냥 매일 계획을 안 세워도, 하루 4강. 이게 계획 끝이다.

직장인의 계획은 그냥 지키느냐, 못 지키느냐, 두 가지다.
못 지키면, '또 다른 내년'을 기약해야 하는 거다.
잔업, 회식, 체력 소진 등의 이유로 그날 놓친 진도는,
해당 일주일 계획을 맞추기 위해 토요일 밤을 새워서라도 지켜야 한다.

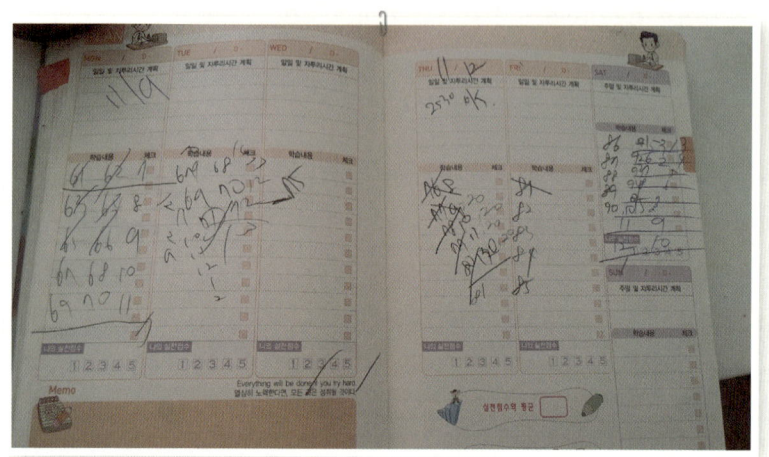

▲ 대충 주간계획 표

▲ 대충 월간계획 표

#1년 300일 × 4시간 = 1,200시간 확보.
#기본100강 + 기출30강 + 모의30강 + 심화40강 = 200강.
　200강 × 6과목 = 1,200시간.
#인터넷 강의 하루 4강 × 300일 = 1,200시간.
#공부시간 19:30~24:30 / 5시간 × 300일 = 1,500시간.

1500 − 1200, 그러면 연간 300시간, 하루 1시간이 남는다.
하루 4시간 공부 외 남는 1시간은,
화장실, 휴식, 졸음, 잡생각, 태후 본방사수,
강의 이해 안 되는 것 리플레이, 선택과목 강의 뒤엎기, 숨 쉴 틈 확보.

6과목, 1,200시간으로 잡은 건,
선택과목을 나처럼 한번은 바꿀 경우를 대비해서이므로,
혼란만 없다면 오히려 시간이 남을 수도 있다.
첨부터 5과목 × 200시간 = 1,000시간.
매일 4시간 × 250일 = 1,000시간.
250일이면 8~10개월 남짓. 시간이 아주 많이 남는다.
8개월, 1년 단기 합격자가 나오는 게 불가능이 아닌 거다.

워~워~워~
더하기 빼기부터 머리 어지럽다.
위에 이 파트는 천천히 세 번을 읽어봐라.
그러면 뭔 말인지 이해될 거다.

> 꿀팁 1

계획은 난 항상 80%만 지켰다.
나도 왜인지 모르겠지만, 100%를 지켜본 적이 없었다.

이것 때문에 처음엔 스트레스를 받았다.
아~ 나는 왜 계획을 100% 지킬 수 없지? 자책했다.
그런데, 100%는 내가 결코 지킬 수 없는 거라는 걸 어느 순간 깨달았다.
그래서 내가 선택한 방법은,
계획은 80%를 기준으로 해서 100%를 세웠다.
그리고 나는 항상 그 80%만 달성했다.
80%만 지켜도 성공이다!! 숨 쉴 틈. 마인드컨트롤을 했다.

알고 봤더니, 【78대 22의 법칙(유대인의 법칙)】이라는 게 있더라.
인간이 하는 일은 아무리 잘해도 78%가 최고치란다.
그게 우주 돌아가는 법칙이란다.
공기는 질소가 78%이고, 산소와 기타성분이 22%.
인체도 수분이 78%이고, 기타성분이 22%.

내가 할 수 없는 22%는,
주도적으로 점검하고, 부족한 부분 개선하면서,
안되는 것, 못하는 것 인정하며 사는 것.
계획을 달성해야 할 80%를 기준으로 100을 세워라.
그리고 그 80%는 죽어도 지키는 거다.
나는 인강 진도 계획을 하루 5강 세웠고, 4강은 늘 지켰다.

꿀팁 2

계획은 느슨하게 세우고 칼같이 지키는 거다.
반대로 계획은 칼같이 세우고 느슨하게 지키면 안 된다.
난 일주일 계획 정도만 세우고, 매일 계획은 안 세울 때가 더 많았다.
인터넷 강의 목표는 5강. 실제 달성은 4강. 끝.
빡빡하게 세울 필요 없다. 큰 틀을 세워라. 별거 없다.

단순 무식. 평균. 대충 계산법.
365일 중 300일만 확보. 65일은 그냥 제낌.
일일이 다 계산 못 한다. 큰 틀을 세우라는 거다.

1년 중 54일, 즉 일요일은 그냥 노는 날이고.
1달에 하루 정도는 몸살 나서 쉬어 줘야 한다.
무슨 말이고? 명절? 없다. 크리스마스이브? 집어치우고.
명절은 추석, 설날 노량진 실강 압축특강이 있는 날이다.
노량진 못 올라간다면, 빨간날은 부족한 진도 메울 절호의 찬스다.
니가 공시생인 1년간 무슨 '날'이라는 건 없다.
가족들의 협조가 절대적으로 필요한 이유다.

07 하루 계획 짜기 (이것도 무조건 최단시간)

06:00 기상(월~금). 토요일 내 맘대로. 일요일 무조건 휴식.
06:30~08:30 영어 이동기 하프모의고사 풀고 해설 확인.
08:30~18:30 직장 하루 10시간 근무. 토요일은 국사, 영어강의 진도 나가기.
18:30~19:00 독서실 앞 저녁식사.
19:00~19:30 독서실 기어들어감. 식후 졸림. 30분 꿀잠.
19:30~00:30 한 과목씩 몰아서 4강~5강 진도 빼기.
00:30~01:30 매일 국사 전한길 필기노트 강의 무한 반복.
(30강완강. 연300시간 10회독 : 자동 암기 ⇒ 국사 90점)
02:00~06:00 취침(월~금 반복)

봐봐, 계획이 복잡한 것 없다.
계획 단순하게 짜고, 단순하게 살았다.

08 1년간 시행되는 모~든 9급, 7급 시험 응시하기
– 원서접수 날짜 미리미리 챙기기

원서접수 날짜 놓쳐서 시험 못 치는 친구들 간혹 있다.
미리미리 연간 시험 날짜를 책상에 딱 붙여놔라.
공시의 기본임에도 이 기본도 안 하는 친구들이 수두룩.
국가직, 지방직, 서울시, 기타 직렬, 7급, 9급 등,
1년간 자신이 치를 수 있는 시험이 4번은 넘게 있다.
시험 후 기출 해설 강의, 학원 사이트 찾아가서 들어라.
시험 당일 바로 인터넷으로 올라온다. 무료다.

공시는 흐름이고 트렌드다.
니가 9급이라고 7급 문제는 안 풀어보나?
9급, 7급 구분 없이 출제자들은 가장 최근 것을 참고한다.
공통과목인 국어, 영어, 국사의 경우 한 문제 정도는,
직전 시험 문제와 거의 유사하게 출제된 경우도 있더라.
먼저 문제를 풀어본 사람들은 이미 답을 알기 때문에,
그냥 보고 찍을 수 있다. 득템이고 운빨이다.
실전 현장 시험 분위기를 익히고, 문제 트렌드를 파악해라.

단, 경찰, 소방 등 정말 소명감 갖고 일해야 하는 직렬은,
어차피 필기 합격해도 끝까지 가지 않을 생각이라면,
답지에 한 줄 기둥만 세우고 나와라.
덜컥 합격하고 실기, 면접 안 봐서 미달 사태 만들지 말고.
그건 니가 누군가의 인생을 건 기회를 빼앗는 꼴이다.

⑨ 프리패스 인터넷 강의 진도 빼기
- 넓게, 얕게, 한 곳만 파고들지 말고, 반복적으로

몇 년 전부터 공무원에 도전하는 수험생들은,
과거 선배 공시생들과는 확연히 다른 싸움을 하고 있다.
인터넷 강의 프리패스 시스템 때문이다.
옛날처럼 학원 실강에 돈과 시간을 뺏길 필요도 없고,
개별적인 인강을 듣는 데 많은 돈을 들일 필요도 없다.
요즘 프리패스 가격이 많이 올랐다고는 해도,
그 정도 비용에 무제한으로 강의를 들을 수 있다는 건,
요즘 공시생들에겐 큰 무기가 된다.

대한민국이 왜 IT 강국이 된 줄 아냐?
바로 니 프리패스 동영상 막힘없이 보라고.
속도, 화질 최고다. 시간, 장소 제한 없다.
전국, 세계 어디서나 누릴 수 있는 편리한 시스템이다.
제주도든, 부산이든, 강원도든, 최근엔 캐나다니, 뭐,
해외에서도 인강 프리패스 듣고 있다는 글을 봤다.
굳이 노량진 올 필요 없다는 거다.
실제로 노량진 실강 수강생들이 많이 줄었다고 한다.
첨엔 나도, 공단기 프리패스 끊기 전에 많이 망설였다.
샘플 강의를 여러 번 들어봤다.
공단기는 워낙 유명하니 모르는 사람은 없을 거고.
공단기 아닌 다른 강의가 니한테 맞는다면 그대로 해라.

난, 한길샘 필기노트 강의 듣기 위해 공단기를 찾았고,
공단기 만난 지 8개월 만에 합격했다.

단기합격에 세상에 공짜가 어딨노. 눈물, 땀, 노력이지.
단기간에 붙을 이유가 없는 사람이 있을지 모르겠지만,
그런 사람이라면 공단기도 필기노트도 볼 필요 없다.
사실 이 책도 볼 이유가 없다.
헤매는 시간, 비용을 줄일 수 있는 답은,
이미 시장이 니들한테 말하고 있다.
공단기한테 받은 거 있냐고? 있다.
합격하고 나서 받은 프리패스 환급금!
나는 100만원 짜리 프리패스 끊고 8개월 만에 합격해서,
세금 공제하고 77만2천2백 원을 환급받았다.

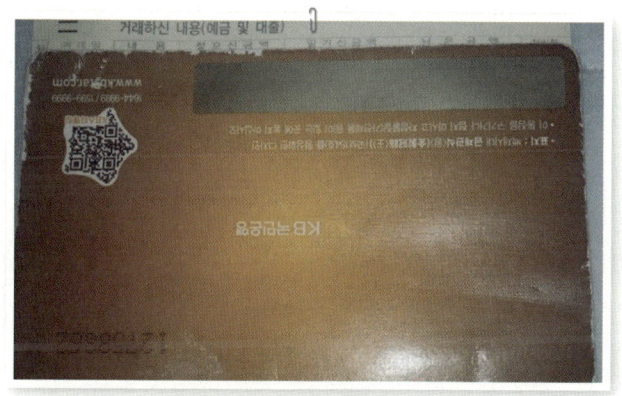

▲ 공단기 프리패스 환급받은 통장

특정 회사를 깔 이유도, 띄울 이유도 없다.
말 그대로 중요한 건 공무원 단기합격이다.
그것도 프리패스 환급받아서 결국엔 난 공짜로 공부했다.

공단기의 최고급 강의를 공짜로. 이건 공시 장학금이다.
환급금으로 합격한 동기들과 밥 먹었다. 기분 째지더라.

1) 기계는 목적에 맞게 써라.

모든 기계는 목적에 맞게 써라.
노트북은 독서실 내 자리에 붙박이로 놓고 인강을 들었다.
갤럭시탭은 늘 휴대했다.
독서실이든, 집이든, 밥 먹을 때, 화장실 갈 때, 잠들기 전에 누워서,
언제든 들고 다니며 강의를 들었다.
자투리 시간도 버리지 않게 해줬다.
스마트폰으로 강의를 듣는 친구들도 있다. 안 된다.
폰은 문자, 전화용으로만 써라. 기왕이면 폴더폰으로.

▲ 노트북, 태블릿, 폴더폰

태블릿 PC 돈 없으면 할부로 사라. 돈은 쓸 때 쓰는 거다.
난 갤럭시탭을 샀다. 할부 10개월 갚았다.

갤럭시탭 바탕화면에 강의 프리패스 사이트를 깔아놨다.

인강의 가장 큰 위험성은 바로 집중력이 흩어지는 것.
손가락질 하나로, 오늘 어디로 빨려 들어갈지 모른다.
탭 열자마자 네이버 이런 거 들어가지 말고,
바로 바탕화면의 프리패스를 손가락으로 딱! 눌러야 한다.
이 집중력이 니 손가락 끝에 달려 있다.
니 손가락 하나도 니 마음대로 못하면서 일하면서 공시합격?
꿈도 꾸지 마라.

니 인생의 평생 직업을 위한 마지막 공부다.

선택은 니들의 몫이다. 강요는 하지 않는다.
단, 어떤 선택을 하든 그 결과는 니가 책임지는 거다.
집중, 또 집중하기 위해선 차선을 선택하지 마라.
늘 최선을 택해라. 매 순간 니가 할 수 있는 최선 말이다.

2) 시각, 청각 동시 활용

난, 심하다 싶을 정도로 100% 인강에 의존했다.
졸음, 잡생각을 쫓아내야 했기 때문.
혼자 조용히 책보는 시간이 없었다.
항상 인강을 틀어놓고 책을 같이 보았다.
직장인은 뭐다? 조용하면, 잠 온다.
여자는 청각이 발달되어 있단다.
나는 책을 보면서도 늘 인강을 틀어놓았었기 때문에,
책의 내용을 보면 해당 강의 내용이 청각으로 남아있었다.
시각, 청각 동시 활용.

그러면 같은 내용이 뇌의 두 군데에 찍힌다. 입체적으로.
하나는 시각영역 후두엽에, 하나는 청각영역 측두엽에.
시험장에서 실시간 음성 지원된다.
단기간 합격의 비밀이다.

3) 프리패스 강의 볼 때 배속 함부로 올리지 마라.

1회독 때는 특히 반드시 1.0 정속으로 들어라.
시간 없다고, 맘 급하다고 절대! never! ever!
1.2배속, 1.5배속 하지 마라.
인터넷 강의인 데다가, 뭐라 하는 사람도 없어,
이 책 저자도 일하면서, 8개월~1년 만에 했다 하니,
나도 막~ 달려보자, 이러면서,
번갯불에 콩 구워 먹으려 생각하면 100% 망한다.
이해해야 할 부분을 빨리 넘어가면, 이해 안 된다.
이해가 안 되면, 암기는 불가능이다.
생각 없이 진도만 빼니깐, 시간 버리고 돈 버리는 거다.
먼저 이해를 정확하게 하면,
그 다음 아는 것 안 까먹게 1.2배속, 1.5배속이 가능해지고,
그러고도 이해가 되면, 2배속까지도 가능하다.

기적이다.
막판에 국사 필기노트를 이렇게 2배속 했다.
시험 전날까지 매일 1시간 무한 반복 10회독을 넘게 했다.
국사 무지렁이가 최종 90점 맞았다.

4) 최종 선택한 강의와 끝까지 가라. 시험까지.

너한테 맞는 강의 선택해서 헤매는 시간을 최대한 줄이고,

강의를 병행하여 스케줄 계획대로 진행한다면,
니들은 이 책을 잡은 날로부터 1년 안에 붙어 나갈 거다.
시험까지 같이 갈 수 없는 강의, 교재라면, 의미 없다.
적어도 시험 1주일 전엔 전 과목을 빨리 회독해야 한다.
그게 바로 시험에 나오기 때문이다.

Q1   잡생각이 끊이지 않아요. 집중이 안 돼요.
A1   역설적이게도 집중할 때 온갖 잡생각이 떠오른다.

나도 그랬다.
고도의 집중력이 발휘될 때,
과거, 현재, 미래가 뒤섞여 혼란스러운 상태가 되더라.
특히나 힘들었던 기억들이 더 또렷하게 떠오른다.
내가 선택했던 건 강의 들으면서 눈으로 책을 보는 방법.
혼자 책만 보면서 공부하지 않았다. 잡생각이 나기 때문.
프리패스가 좋았던 이유다.
시간, 장소 제한 없이 무제한 강의를 들을 수 있는 것.

Q2   그래도 실강이 낫지 않을까요?
A2   〈실강의 위험, 난신적자〉 vs 〈인강의 위험, 졸음〉

노량진 압축현장 실강에 들어가서, 두 가지에 놀랐다.
한가지는, 강의실에 있는 경쟁자 또는 합격동기가 될,
많은 수강생들의 눈에 흐르는 독기, 절박함, 처절함.
또 한 가지는, 강사의 집중력과 에너지.
인강으로는 보지 못하는 이 에너지로,
내가 수개월 간 죽어라고 공부했던 것들을,

단 하루, 이틀 만에 다 머릿속에 집어 넣어준다.
더욱 놀란 것은, 한 발짝만 나가면 식당은 당연히 많고,
온갖 오락실, 노래방, 술집, 모텔 등,
여기가 대학가인지 고시촌인지 구분이 안 된다.
난, 노량진은 고시원에 추리닝족들만 사는 줄 알았다.
부모님들이 아실까?
노량진에까지 와서 이런 분위기에 휩쓸리는 사람들을,
전한길샘은 난신적자라고 부른다. 부모 등골 브레이커.
피 끓는 젊은 청춘들이 모인 곳인데 뭔 일인들 없을까.
대학은 졸업이라는 기한이라도 있지.
여기는 말 그대로 합격 외엔 답 없는 젊은이들의 시간과,
돈을 끝없이, 기약없이 블랙홀과 같이 빨아들이는,
놀자판의 끝판이 될 가능성이 있다는 소리다.

물론, 말 그대로 난신적자는 극소수다.
절박함으로 무장한 건전한 수험생들이 더 많다는 건,
눈으로 현장 분위기를 본 사람으로서 감히 말씀드린다.
그런데, 미안하지만, 절박한 각오 없이 들어온 학생들은,
그냥 노량진 공시 시장의 희생제사물이라고 생각한다.
내가 노량진 가서 놀자판이 될 유혹을 견딜 수 없다면,
굳이 현장에 가지 않아도 된다는 말이다.

인강의 유혹은 딱 하나.
피곤할 때 드러눕고 싶은 것.
독서실에서 코 골고 자다 휴게실로 여러 번 쫓겨났다.
같은 방 친구들에게 미안했다.
직장인은 너무너무 피곤하다.

그래서 집 앞 독서실 안 끊고 직장 앞 독서실 끊은 거다.
그러다 점점 자는 시간이 줄어들다가 잠이 안 오더라.
자신과 약속을 지키면 내가 나 자신한테 떳떳해진다.
이때다. 너의 자존감을 살릴 수 있는 기회.

⑩ 혼자 복습하지 마라. 복습도 강의를 들으면서 해라.

- 복습은 니들이 하는 거 아니다.
- 처음 공부하는데, 뭘 복습해야 할지 모른다.

강사가 시키는 강의는 다 들었다. 단 복습은 따로 안 했다.
강의 진도를 나가는 게 나에겐 복습이었다.
쓸데없이 강사가 시키지 않은 것 파고 있지 마라.
강사가 가면 가고, 멈추면 나도 멈췄다.
첨부터 1년이다. 1년. 이 기간에 따로 복습할 시간이 없다.
단기합격생과 장수생의 갈림길이 여기서 나타난다.
복습은 해야 할 것만 해야 한다.
쓸데없이 엉뚱한 데 깊이 파다가 진도 못 뺀다.
1년 더 간다.
강사가 다음 강의 시작할 때 앞에 강의 복습해준다.
그때 지난 강의가 자연스럽게 오버랩 된다.
그대로 강의 진도만 나가면, 복습은 되게 되어 있다.
그 복습시켜줄 때 집중해서 봐야 한다.

기본이론, 기출, 모의고사 등 강의 진도를 빼는 동안,
이론 강의에서 중요하다고 했던 것이 오버랩 되고,
마치 깔때기에 걸러지는 것처럼,
모든 강의에서 중요하다고 반복한 것이 자연스럽게 머리에 남게 된다.
그리고 강사가 중요하다고 반복적으로 짚어준 부분,
바로 그 부분이 결국 시험에 나온다.

11 프리패스 + 압축현장 실강 구슬 꿰기

- 프리패스와 함께 절대 놓치지 말 것, 현장 압축강의
- 명절 갈 데 다녀오고, 마지막 날 노량진특강 놓치지 마라.

대한민국이 왜 일일생활권이고?
바로 나같은 지방 직장인 수험생들,
하루 만에 비행기 타고 와서 압축강의 듣고 가라고 그렇게 발전한 거다.
난 그렇게 생각했다.
니가 해외 인터넷 강의 수강생이 아니라면, 한국에 있다면,
단기합격을 위해서는 이 압축특강 반드시 들으면 좋겠다.
차선을 선택하지 마라. 난 할 수 있는 모든 최선을 다했다.

김해발 비행기 가격도 KTX보다 저렴한 시간대가 있다.
새벽 시간대 4만 원대 있다. KTX 일반이 5만 원대다.
아무리 직장인이라도 공부하는 데 돈이 많이 들기 때문에,
어쨌든 가성비로 선택할 수밖에 없다.

프리패스로 실력을 쌓는 것이 구슬을 모으는 작업이라면,
압축실강은 그 귀한 구슬을 한 땀 한 땀 꿰는 작업이다.
구슬이 서 말이라도 꿰어야 보배다.
1년간 내가 공부한 모든 엑기스를 하루 만에 회독해서,
단단히 항아리에 물 채우듯 빠져나가지 못하게 해야 한다.
막판 압축을 못 해서 떨어지는 거다.
1년간 그 고생을 해놓고.

시험이 다가왔지만, 나는 직장인이었고,
혼자서 짧은 시간에 압축할만한 에너지도, 시간도, 요령도 없었다.
그걸 노량진 1타 강사가 직접 해준다.
그렇기에 나는 이유 불문하고 무조건 갔다.
인터넷 강의로 진도를 나가면서 일 년에 딱 3번,
추석, 설날, 시험 직전 현장 실강으로 압축강의가 있다.
난, 마음은 이 3번의 압축강의를 모두 가고 싶었지만,
추석과 설날은 시간을 낼 수 없어 인터넷강의로 들었다.
시험 3일전 압축특강은 개인 연가를 쓰고 노량진에 갔다.
혼자 할 수 있는 사람은 혼자 압축 회독을 해도 된다.
그렇지만 불가능이다. 더욱이 체력적으로 지친 직장인들,
더군다나 난 나이 40이 다 되니 머리 회전도 안 되더라.

직장인, 시간 없는 아이 엄마들, 가정주부들.
체력적으로 지친 그대들이 365일간 들은 그 많은 강의를,
하루 이틀 만에 압축하는 거, 불가능에 가깝다고 본다.
그것도 혼자서는 말이다.
노량진 1타 강사의 압축실강을 활용하라는 이유다.

시간과 에너지를 아끼면서 최대 효과를 거둘 수 있다.
규모의 경제이기에 수강생이 많다.
그만큼 강의료도 저렴하다.
시험을 앞두고는, 모든 과목이 압축특강 같은 거 다 한다.
압축특강은 말 그대로 압축, 고농도의 의미가 들어있다.
압축특강을 죽~ 늘여서 듣는 것만큼 비효율적인 건 없다.
1년 동안 한 공부를 단 하루나 이틀 동안 응축시켜서,
강사의 능력과 에너지를 내 걸로 흡수할 좋은 기회다.

난 그 에너지를 느꼈다.
합격해야 하는 수험생보다 합격시키려는 강사가 목숨 걸고 강의한다.
정말 절박하게.
에너지를 초고농도로 응축시켜 수강생이 시험 당일 폭발시킬 수 있도록.

시험 당일 국사는 시간을 벌어주는 과목이다.
10분도 많다.
7분 안에 20문제 그냥 보고 찍고 보고 찍고, 그게 된다.
그게 압축특강의 비밀이다.
왜? 전 범위가 내 머릿속에 들어있기 때문에.

해외에서도 인터넷 강의 들으시는 분이 있다고 들었다.
그런 분들은 국내로 날아오기 쉽지 않다. 뭐 어쩔 수 없고.
모두 다 비행기 타고 올 수는 없지만, 못할 이유가 없다면,
시험 앞둔 그해 압축특강은 꼭 한번 참석하라고 권한다.
국내에 계신 분이라면 말이다.
대한민국 일일생활권의 혜택은, 바로 이때 누리는 거다.

시간, 돈, 체력, 멘탈이 1년간 함께 가야 하는 싸움이다.
최소한의 투입으로 최대의 효과를 얻어내라.

12 본격 공부 방법 디테일

1) 오늘부터 시작해야 할 것 2가지

　- 영어 과락 면하기
　- 국사 고득점 먹기

첫째. 영어 이동기 하프모의고사 매일 아침 1시간.
둘째. 국사 전한길 필기노트 매일 밤 1시간.

매일 2시간은 1년간 무슨 일이 있더라도 지켜야 한다.
이것도 못 한다면, 탁 까놓고 말한다.
언젠가는 합격할 수도 있겠지만,
하루 10시간 일하면서 1년 내 공시합격 장담 못 한다.

공단기 최상위 프리패스 끊으면,
무제한 반복으로 1년이든 15개월이든 볼 수 있다.
가성비 최고다.
요즘 세상 하~도 말이 많아서,
니들이 광고니 어쩌니 이야기할 수도 있겠지만,
나도 시작할 당시 공시 시장 전쟁터 속에서 헤맸다.
하~ 정말 다 믿을 만해 보이다가도,
하~ 다 사기꾼 같아 보인다. 모르기 때문이다.
그래서 보인다. 니들이 어떻게 생각할지.

난 공단기 대표가 누군지도 모른다.
환급금 늦게 준 건 기억한다.
공무원은 어디서 뭐 받았니 어쩌니 연루되면,
징계에, 심하면 잘릴 수도 있다.
난 현직 서울시 공무원이다.
앞으로 20년은 주민들을 위해, 나라를 위해 일해야 한다.
돈 몇 푼에 내 남은 20년 공무원 인생을 걸 생각이 없다.

솔직히 니가 직접 알아서 찾아보라고 하고 싶다.
그럼에도 불구하고 내가 그냥 딱 까놓고 강사, 강의를 말해주는 이유는,
니들이 얼마나 헤맬지 눈에 훤~히 보여서다.
돌아가지 마라. 내가 그렇게 6개월을 넘게 헤맸으니까.
돈은 돈대로, 시간은 시간대로, 책은 책대로 버렸다.
내가 한 것만 이야기해주는 거다.
이것마저도 이야기하지 말라면, 난 그냥 이 책 안 낸다.
이 책이 내가 어떻게 공부하고 합격했는지 알려달라는,
바로 니들의 질문에 대한 답이기 때문이다.
잔소리가 자꾸 길어진다. 헤매지 말고 잘~ 따라온나.

다시 돌아와서…
이건 수험기간 1년간 300회 무조건 채워야 한다.
절대 공부량을 채워야 한다.

왜 이 두 과목을 매일 해야 하나?
국사는 시간 투입 대비 효과가 가장 높다.
단기간 니 평균 점수를 올릴 수 있는 거다.
공무원시험은 100문제 100분 시험이다.

시험장에서 국사는 20문제를 10분 안에 풀고,
국사에서 확보한 10분을 영어에 투자해야 한다.
그 10분을 영어에 보태서 영어 20문제를 30분에 풀도록.

영어는, 아무래도 단기간 성적을 높이기 어렵다.
그래서 비록 10문제지만 시험과 유사한 문제 풀이 위주로,
하루 1시간 반복적인 훈련이 필요하다.
1년 300일, 매일 1시간 정도의 훈련이면,
기초가 없어도 과락을 피하고도 남을 성적이 확보된다.
더구나 국사에서 확보된 10분을 영어 시험 시간에 더하면,
실제 시험에서 심적 안정까지 덤으로 얻을 수 있다.

2) 하루에 몇 과목?

- 영어, 국사는 매일 아침, 밤
- 나머지 시간은 한 과목씩 쫘~악 3주간 몰아서, 저녁식사 후 19:30부터 00:30까지 돌림

한 과목씩 3~4주간 몰아서 진도를 쫙~빼는 방법이다.
행법 23일, 행학 23일, 영어 23일, 국어 23일, 국사 23일,
그러면 4달 반 동안 전 과목 이론 마스터.
그다음 몰아서 국어 12일, 영어 12일, 국사 12일, 행법 12일, 행학 12일, 사복 12일(시험 직전 3개월),
약 2달 반 동안 전 과목 기출 마스터.
그다음 2달 동안 각 과목별 모의고사 마스터.
그다음 1달 동안 각 과목별 압축 마스터.
그다음 1달 동안 각 과목별 기출+모의+압축 총정리.

최종적으로 막판 1달은 멘붕 옴. 공부 안 됨.
새로운 걸 하기보다는 모자란 거 보충.
그래도 그 자리에 영혼이 털린 채라도 엉덩이 붙이기.
이렇게 딱 12달이 후딱 가고, 어느새 시험장에 와 있다.
무슨 말씀인지 이해가 되실는지.

영어, 국사는 매일 아침, 밤 1시간씩 하면서,
기본, 기출 등 부족한 진도빼기는 토요일 밤새 몰아 했다.

자~ 그러면 어떤 부작용이 오느냐?
2~4달 뒤에 이게 생각이 날까? 하는 의심이 든다.
근데, 신기하게도 다시 보면 생각이 난다.

3) 과목별 공부 방법 디테일

2016년 서울시 사회복지 9급, 나의 점수.
공통과목 국어 80 / 영어 80 / 국사 90
선택과목 사회복지 85 / 행정학 50

총평

하~ 이 책의 제목을 [쪽팔림을 무릅쓰고]로 바꿀까 싶다.
이제 하다 하다 시험 점수까지 다 깐다.
커트라인 합격!!!
최종발표까지 심장 터지는 줄 알았다.
수석도 필요 없다. 에너지 투입 대비 효율이 짱이다.
커트라인 합격 또한 100점을 목표로,
전속력으로 달려야 따라오는 결과물이다. 동메달 딴 느낌!

행정학은 신용한샘 만나 단 1회독만으로 과락을 면했다.
국사 고득점과 행정학 과락 탈출이 합격의 일등공신.

여기서 니들이 얻어야 하는 교훈은 뭐꼬?
선택과목 대~충 하라는 말이가? NO~!!
공통과목에 목숨을 걸고 고득점을 받아야 한다.

봐라. 공통과목이 든든히 받쳐주니,
배점이 상대적으로 낮은 선택과목 한 과목,
과락 겨우 면한 50점을 맞고도 최종합격할 수 있었단 거다.
새벽 영어와 국어, 밤 국사를 하루도 놓지 않은 이유다.

(1) 국어, 영어 공통 : EBS 수능 모의고사 문제집 풀기

매일 습관적으로 3~5문제, 1년에 1,000문제 풀기.
사무실 새벽 출근하고 자리 앉자마자 국어 풀기.
독서실 자리에 앉자마자 영어 풀기.

고등학교 내신 꼴등한 나다.
그래서 난 기본을 잡기 위해 수능 EBS 모의고사 책을 펼쳐 든 거다.
국어, 영어 모두 다.
고등학교 내신 꼴등이 어떻게 대한민국 공시를 합격하나?
그것도 1년 만에.
그것도 일하면서.
세상에 공짜는 없고 대가 없는 열매는 없다.
난 정공법을 택했다. 꼼수 쓰지 않았다.
난 미처 못 한 공부를 EBS 책을 들고 다시 시작했다.

힘들었다. 후회했다. 고등학교 때 공부 안 한 걸.
내신 안 닦아 놓은 걸.
하지만, 후회하면서도 내 할 일을 했다.
고등학교 내신을 이제야 만회한다는, 속죄하는 마음으로,
국어, 영어 EBS 모의고사를 매일 3~5문제를 풀었다.

'공부는 인생에 대한 예의'라고 누가 말했던가.

나는 내가 학창시절에 갖추지 못했던 예의를,
나이 40의 아줌마가 되어 하루하루 갖췄다.
하루하루 1문제, 3문제, 5문제가 1년 300일 동안 쌓이면,
300문제, 900문제, 1,500문제가 된다.
매일 10분씩, 연간 1,000문제를 EBS 모의고사로 채웠다.
이것 역시 기본강의 중 한 강사님이,
EBS 문제를 풀어보라고 한 말을 유의 깊게 듣고 실천에 옮긴 거였다.
EBS 모의고사를 선택한 정공법이 통했다.
2016년 서울시 사회복지공무원 9급 공채시험에서,
영어, 국어는 수능 유형으로 나왔다.
영어, 국어 독해 지문이 시험지 반 페이지로 길게 나왔다.
이렇게 공무원시험 흐름도 변해 가고 있다.

(2) 국어

2015년 1월 1일 독서실 입성 후,
국어는 한참 동안 여러 강사를 엎었다.
왜냐면 국사 다음으로 두려웠기 때문에. 방대했기 때문에.
불안하고 두려울수록 수험생들은 갈팡질팡한다.

그 두려움을 강사, 책, 강의를 바꾸는 걸로 푼다.
심지어 문학은 범위가 어디까지인지도 모르겠더라.
2015년 7월 공단기 프리패스 끊고, 이선재로 갈아탔다.
선재 시키는 대로 그냥 이론부터 기출, 모의 등 다 했다.
선재는 같은 여자가 봐도, 실력, 피부결, 미모로 압도한다.
커리큘럼, 오디오, 비디오까지 탁월하다.
선재는 결이 다른 사람.
국어는 그냥 합격 때까지 선재 믿고 갔다.

(3) 영어

A 기승전 이동기 하프모의고사

매일 10문제를 20분간 풀고 1시간 해설 강의를 해준다.
매일 아침 노량진 촬영분이 다음날 공단기에 올라온다.
나는 매일 아침 6시~7시 출근해서,
그 전날 분량의 하프 10문제를 20분간 풀고,
해설 강의 1시간 듣고,
나머지 10분 어휘, 해설 들은 거 그 자리에서 복습했다.
아침 1시간 30분을 영어에 매일 투자했다.
영어 전공이거나 영어에 자신 있는 사람은 패스해도 좋다.

처음에는 문제 푸는 데 30분이 넘게 걸렸다.
해설도 1시간이 넘게 걸린다.
시간이 많이 걸려도 포기하지 말고 매일 해라.
나중에는 10문제 푸는 데 25분, 20분, 17분까지 단축됐다.
내 실력에 그 이상은 단축시키기 어렵더라.

내 하루 컨디션은 그날 하프모의고사 점수가 좌우했다.

이동기샘이 진짜 문제를 어렵게 내는 날이 있는데,
4개, 5개 맞는 날도 있다. 그날은 하루 종~일 우울하다.
내 꿈은 저기 머~얼리 날아가버린 듯하다. 이러다 될까?
그러다 갑자기 난도를 낮춘다. 막 9개 맞는다.
그러면 당장이라도 공무원 합격해서,
지긋지긋한 계약직을 벗어날 수 있을 것 같은 생각에 날아갈 것만 같다.

많은 사람들이 이 멘탈에서 무너진다.
실력은 다 거기서 거기다. 하는 만큼 나온다.
어느 순간 하프 점수가 5개, 6개, 7개 맞다가 정체되는 시기가 온다.
3 · 6 · 9 · 12 법칙이다.
적어도 3~4번의 고비가 온다.
안 될 것 같다고 느껴지는 순간이 온다.
안 되겠다는 마음을 먹는 순간 니는 멘탈에서 지는 거다.
그 순간이 오면 그냥 하루하루 버텨라. 하던 대로 하면서.
나 역시 '될까?' 하는 의문으로 시작했다.
될까? 하는 의문에서,
될 거야!! 되겠지~ 하는 체념으로 바뀌는 시점이 온다.
체념이 포기는 아니다. 부족한 내 실력을 받아들이는 거다.
그리고는 다시 처참한 나의 성적표를 들고,
아침 7시, 하프를 듣기 위해 어김없이 그 자리에 앉는다.

니가 이기나 내가 이기나 보자!
매일 하루도 빠지지 않고 그렇게 하프모의고사를 풀었다.
'그래~ 동기샘!! 아무리 하프를 어렵게 내봐라.
내가 눈 하나 꿈쩍하나.
샘이 어떤 어려운 문제를 내도,

샘이 아무리 내 멘탈을 흔들어도,
난 시험 직전까지 매일 아침 하프를 풀기 위해 내 자리를 지킬 거다.'
그렇게 매일매일을 희망과 좌절을 번갈아 안고 공부했다.
이때가 내 멘탈이 강해지는 때다.
희망과 절망이 수시로 나를 괴롭혔다.
그러다 어느 순간 덤덤해지는 날이 오더라.

동기샘은 10개 만점을 주지 않기로 작정하고 문제를 낸다.
4개, 5개 맞을 정도로 문제가 어려운 날은 동기샘이 정말 미워진다.
이것이 진정한 고수다. 프로고, 밀당의 전문가다.
수험생 심리전의 대가이다.
지나고 보니 그랬다는 생각이 새삼스레 든다.
이동기샘을 따라가다 보면,
영어 실력과 멘탈 내공이 같이 하루하루 쌓여 갈 거다.
10개를 다 맞는 순간 하루 이틀 빠질 수 있고,
그러면 긴장감을 늦추게 되고, 그게 또 나쁜 습관이 된다.
동기샘은 이 난도 조절을 기가 막히게 한다.
난도를 너무 높여서 수험생이 좌절하거나,
혹은 반대로 너무 낮춰서 스스로 자만하지 않게.
매일매일 하프로 아침을 시작할 수 있도록.

영어는 실력이 없는 사람이라면 성실이 실력이다.
니가 하프를 5개도 못 맞힌다고 좌절하지 말고,
9개 맞는 날이 와도 자만하지 말고,
그대로 내 시험 당일 점수라고 생각하면서,
한 문제 한 문제 절박하게 풀어라.
딱 매주 평균점수가 나온다.

그 마지막 3달간 하프 평균점수가 계속 80점 나왔다.
물론 목표는 90점으로 잡은 상태였고.

이렇게 공부한 후, 두둥!! 마침내 2016년 3월이 다가왔고,
나는 매일 아침 하프를 푸는 마음으로 시험장에 갔다.
2016년 서울시 사복 영어는 상당히 까다로웠는데,
특히 독해 한 문제 지문이,
시험지 한 면의 반 페이지를 차지할 정도로 긴 고난도였다.
듣기로는 그해 사복 응시생 중 절반이 영어 과락이란다.
매일 아침 그 헤맸던 시간들이 날 살려준 거다.

B 어휘

이동기 하프에 부록처럼 나오는 단어장을 주머니에 넣고,
화장실 갈 때, 양치할 때, 길을 걸을 때, 거울 볼 때,
가리지 않고 틈틈이 꺼내어 그날 거는 그날 계속 봤다.
독서실 공시생들 책상 위에 있던 그 두꺼운 단어집들?
그런 건 볼 시간이 없었다.
그냥 단어는, 동기샘 하프에서 내주는 걸 들고 다니며,
오미가미 외움. 왜? 책상에 앉아 단어 외울 시간이 없다.
책상에 앉아서는 인터넷 강의 진도를 빼야 한다.
단어는 모든 틈새 시간, 짬을 동원해 틈틈이 외워야 한다.

C 문법

시험 2주일 앞두고, 하프에서 매일 8개가 맞았다. 80점.
독해는 다 맞고, 문법이 다 틀렸다.
하도 답답해서 동기샘을 만나러 노량진에 갔다.
문법 여기서 계속 틀린다 했더니,

이것도 모르고 공무원시험 치냐고 동기샘한테 혼났다.
말은 맞다. 내 모습을 직면하면 가슴 아프다.
아~ 진짜 자존심 상했다. 근데 오기가 생겼다.
두고 봐라! 하면서 막판 몰아치기를 했다.
아무리 생각해도 동기샘은 심리전의 대가인 것 같다.
동기샘의 막판 문법 몰아치기 인터넷 강의가 있었다.
그거 다 들었다. 이틀 밤새워. 그것도 시험 열흘 남기고.

어쨌든 시험 결과는, 문법은 하나도 맞히지 못했다.
막판 몰아치기가 안 먹힌 거다.
문법이든 독해든 꾸준히 매일 해야 하는데,
난 독해만 꾸준히 했고, 문법은 그러지 못했다.
더 이상 시간을 쪼갤 수가 없었기 때문이다.
문법은 단기간으로는 힘들다.
문법 막판 몰아치기는 추천하지 않는다.

난 정말 시간을 더 이상 쪼갤 수 없을 정도로 공부했지만,
만일 매일 문법 1문제씩만이라도 풀었다면,
문법도 다 맞힐 수 있지 않았을까, 하는 아쉬움이 남는다.
니들은 할 수 있다면,
문법, 독해, 어휘를 매일 적절히 쪼개서 공부해라.
고등학교 때 문법 공부를 열심히 안 했다면,
단기간 몰아치기만으로는 문법을 따라잡을 수 없단 거다.
어쨌든 내 결과는 영어 80점 맞고 합격했다.

(4) 국사

공무원 국사는 전한길로 시작해서 전한길로 끝냈다.
전한길샘을 만난 후 딱 8개월 뒤 국사 90점 맞고 합격.

한길샘 기본 커리부터 끝까지 다 탔다.
2.0 이론, 3.0 기출, 4.0 동형모의고사, 5.0 최종점검, 키워드사료분석, 문화사 특강….
모두 1회독씩밖에 들을 시간이 없었다. 빠듯하다.
다만, 필기노트는 매일 1시간 공부로 10회독을 채웠다.

키워드사료집은 꼭! 꼭! 꼭! 봐라.
시험에 토씨 하나 안 바뀌고 그대로 나왔다.
시험 전날 사료집을 보다가 마지막 본 문제.
너무 피곤해서 미처 답은 보지 못했는데,
시험 당일 보니, 바로 그! 그! 그! 문제다.
아~ 그때의 후회감이란 정말 말로 표현할 수 없다.
문제는 분명히 본 문젠데. 근데, 답을 모르겠다.
잠이 들어 기억이 안 난다. 조금만 더 봤으면 맞혔을 텐데.
그거 하나 틀린 게 5점이 날아갔다.
또 다른 하나는 도통 본 적도 없는 문제로 5점을 날렸고.
그렇게 국사는 10점을 날리고 90점을 맞혔다. 기적이다.

Q1 나같은 국사 바보, 국사 빵점 수험생의 단기합격비법?
A1 단기합격에 필기노트는 필수.

5과목 중 아킬레스건이 하나씩 있을 거다.
나는 그것이 국사였다.
아킬레스건은 반드시 반드시 극복해야 한다.
그 1과목 때문에 펑크가 나고, 단기합격이 불가능해진다.

필기노트의 위대함은 압축이다.

이 책을 처음 봤을 때, 난 정말 충격받았다.
국사의 모든 범위가 얇은 책 한 권에 다 들어있다.
한길샘을 난 천재라고 본다.
필기노트 강의는 니가 이 책을 집어 든 첫날부터,
매일 1강씩 들어야 한다.
완강이 30강 정도니까 1년이면 10회독 이상 가능하다.

'태정태세문단세'라는 말이 세금 이름인 줄 알았던 나다.
으이구~ 쪽팔려라~. ㅠㅠㅠ
'이건 또 뭔 세금이냐, 참 대한민국 세금 이름 하나 길다.'
양도세, 취득세, 종합부동산세, 종합소득세는 알아도,
이건 도저히 처음 듣는 세금 이름이라고 생각했던 나다.
초등학교 때 유학 가서 대학까지 외국에서 나온 사람.
국사 유학생? 딱 그 수준이다. 국사를 알 길이 없다.
공무원 국사를 공부하지 않았더라면, 진짜 쪽팔리지만,
이 정도 수준으로 어떻게 국사를 90점 맞고,
서울시 9급 공무원에 합격할 수 있었겠냐?
이런 의미에서, 공무원시험에서 국사는,
절대! NEVER! EVER! 없애면 안 된다고 생각한다.
나 같은 국사 바보도 기어코 국사 공부를 하게 만드니까.
국사를 알고 국민을 위해 봉사하게 만들어야 한다.
국사를 제대로 공부하고 나서 안 일이지만,
일제 치하에서 어디까지인지도 모를 역사 왜곡이 있었단다.
뭐, 듣기에 100년이 지나도 모를 거라고 했다나?
우리 역사를 지들 멋대로…. 진짜 기가 막힐 노릇이다.
역사 왜곡에 대해선 나중에 다시 말하자.

2014년 11월.
내가 일하는 사무실에서 단기 계약직으로 일하며 친해진,
지영이의 계약기간이 끝나가던 어느 날,
지영이가 "언니 이 책 한번 봐."라고 말했다.
자신이 공부하는 교재라며 얇은 책 한 권을 보여 주었다.
나에게 준 인생선물이다.
공무원 공부를 하는 지영이를 따라,
'나도 공무원 할 수 있을까?' 고민하면서도,
EBS를 들락거리며 어장관리나 하는,
그런 내가 안타까웠던 모양이었다.
내가 아는 공시생은 두꺼운 수험서를 들고 다녀야 한다.
근데 이건 아니다. 빽빽하게 꽉 찬 노트 같은 책.
펼친 순간, 이건, 그, 그, 그, 그….
방바닥에 펼쳐놓은 전지에 최태성 EBS 강의를 정리하면서,
내가 정말 만들고 싶었던, 바로 그 책, 아니 노트였다.
그것도 이미 다 완성되어 있는.
내가 그리면 10년은 걸릴 것 같아 보였던.
당시 필기노트를 펼친 첫 느낌. 신세계 그 자체였다.
이 책 내용을 하나도 몰랐지만, 이 책 한 권,
둘둘 말아도 한 손에 잡히는 이것만 외우면,
공무원 도전해볼 만하겠다는 생각이 들었다.

2014년 11월.
지영이한테 필기노트를 소개받은 날부터,
할 수 있을까? 없을까?
희망과 절망, 기대와 실망, 두려움과 용기가 교차했다.
결심이 서자 그 길로 서점에 가서 필기노트를 샀다.

2014년 12월 27일.
2015년 새해를 3일 앞두고 직장 앞 독서실을 찾아갔다.
맘 바뀔까봐, 심호흡 크~게 하고, 미리 독서실을 끊었다.
독서실 실장님께 말했다. "저 새해부터 올게요."
그리고 2015년 1월 1일, 직장 앞 독서실에 입성했다.

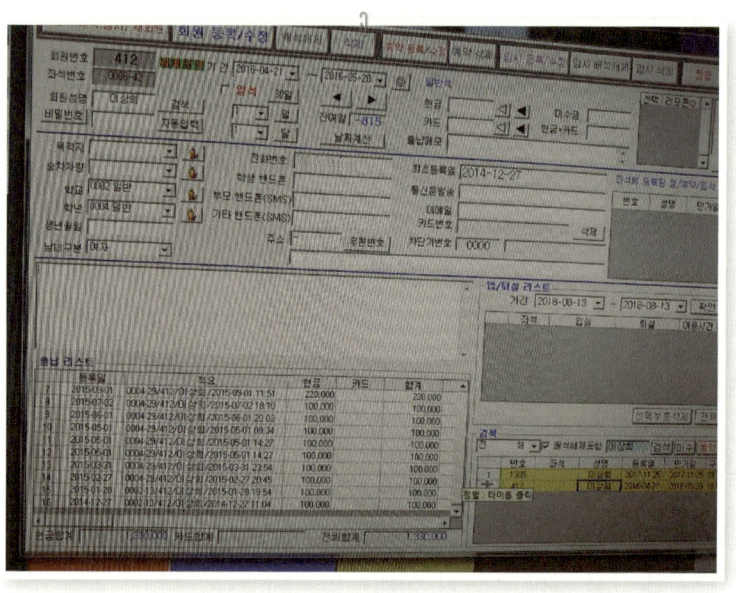

▲ 2015년 1월 1일 자로 입성한 직장 앞 독서실 등록 화면

Q2   도저히 필기노트 내용이 빡빡해서 이해가 안 돼요.
A2   나 같은 '국사 유학생'은 단기간에 절대 이해 안 된다.
     필기노트는 무한반복으로 정복하라.

필기노트는 매일 1시간씩 300일간 10회독 강의 듣고,
시험 당일 새벽에도 보고 갔다.

2014년 11월, 지영이의 계약 기간이 만료되어 헤어진 후,
2015년 6월까지도 필기노트 교재만 알았지,
강의가 있는 줄은 모른 채 주구장창 책만 보고 있었다.
2015년 6월 어느 날,
독서실 휴게실에서 밥을 먹으며 필기노트를 보고 있는 내 모습을 보면서,
같은 9급 공무원을 준비한다는 옆 친구가 나에게 말했다.
"언니, 공단기에서 필기노트를 무료로 강의하고 있어요."
강의를 들으면 더 빨리 이해할 거라는 말과 함께.
또~ 역시나 헤매고 있는 내가 답답~해 보였나 보다.

그 친구로부터 처음 공단기 인터넷 강의를 소개받았을 때,
당연히 의심부터 했다.
단기합격? 웃기고 있네. 공시가 장난이냐?
내가 바로 그렇게 생각했었다는 거다.
근데, 한길샘 필기노트 강의는 공단기에서만 했고,
선택의 여지가 없어 공단기와 같이 가기로 했다.
결과는 이미 이야기한 것처럼 8개월 뒤 90점 맞고 합격.
내 단기합격의 비밀이다. 공단기와 필기노트. 국사 90점.
의심되면, 의심하면서 봐라. 무료강의가 있잖나?
그래도 의심되면, 더 안 보고, 강의 안 사면 된다.
나도 그렇게 의심하고 또 의심하고, 그 끝에서 확신했다.

그렇게 공단기 인터넷에 들어갔더니,
마침 해운대 벡스코에서 설명회가 열리고,
필기노트 저자가 직접 오신단다. 바로 집 앞이다.
2015년 7월 4일 토요일 오후. 빈 시간.
별 기대 없이 슬리퍼 질질 끌고 갔다.

우연이 운명이 되었다. 만남의 축복. 한길샘.
필기노트를 들고 해운대 벡스코에서 직접 사인을 받았다.

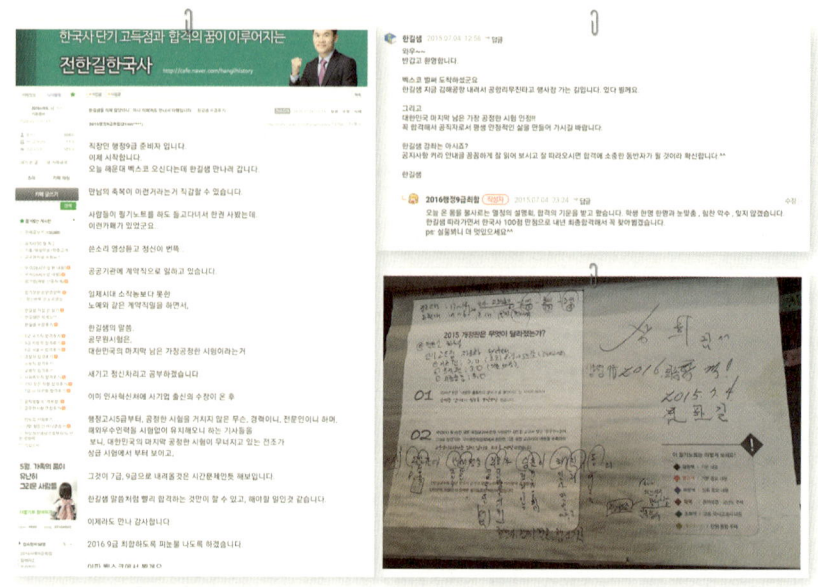

▲ 해운대 벡스코. 우연이 운명. 게시판 첫 글과 한길샘 답변. 필기노트 사인

한길샘 필기노트 강의를 연간 무제한으로 듣기 위해,
2015년 7월 공단기 프리패스를 끊었다.
그날로 썸은 끝났다.
제발 니들, 시작할까 말까 썸은 되도록 짧게 타라.
필기노트 강의는 처음에는 외계어 같다.
이해되든 말든 그냥 들어라. 이해 안 돼도 자책하지 마라.
총 10회독 넘게 듣다 보면 그냥 외워진다.

이렇게 나의 공시 인생은 한길샘 필기노트와 시작했다.
이 분은 목숨 걸고 수업하고, 목숨 걸고 교재를 만들더라.

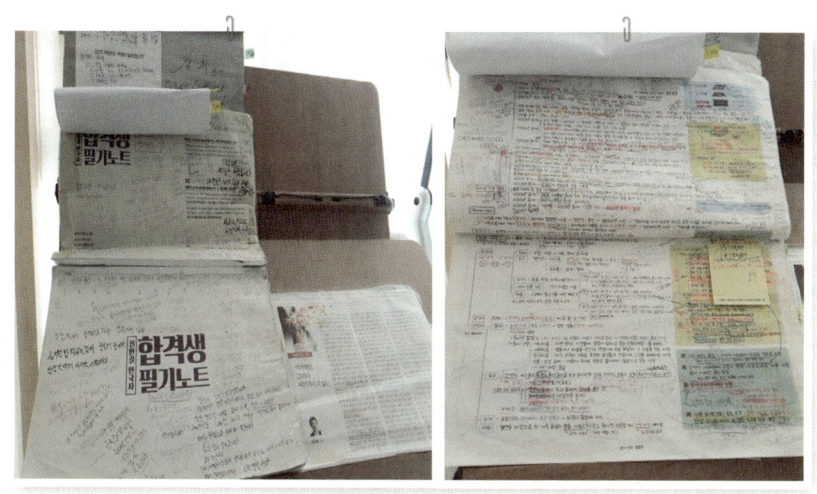

▲ 포스트잇과 형형색색 필기로 가득한 전한길 필기노트

그래서 더 두려웠다. 이걸 따라갈 수 있을까?
나는 정말이지 강의를 울다 웃다 감탄해가면서 들었다.
뭔 국사 강사가 자기가 더 공무원 합격 못 시켜 안달이다.
혼자 ㅅㅂㅅㅂ 열받았다가, 박카스를 세 병씩 들이켰다가,
발차기를 하질 않나, 공시생보다 강사가 더 절박하다.
한 명이라도 더 합격시키려고.
샘한테 뭐 받은 거 있냐고?
합격 후 한길샘 네이버 카페에 합격후기 남겼더니,
택배로 크리스털 합격패 보내주더라.
나 말고도 신청만 하면 합격생 수백 명에게 다 보내주는.
내가 한길샘한테 조건 없이 받은 혜택에 대한 보답은,
이렇게 합격하고, 니들에게 샘을 추천하는 걸로 갚는다.

한길샘 필기노트를 내 공시 인생에 '인생 선물'로 준 친구,
지영이 역시 지방직 9급 합격해서 열심히 나라를 위해 일하고 있다.

같은 공시생에서 이제 같은 공무원이 된 든든한 전우다.

기적은 없다. 만남의 축복.
그리고 내가 흘린 땀만 있을 뿐.

> 꿀팁

니가 바로 내년 합격을 목표로 한다면, 공부 안되고 슬럼프 올 때,
한국사 이슈를 다룬 최근 영화는 꼭 챙겨보기 바란다.
나도 슬럼프에 빠지거나 잠이 안 오거나 하면 심야영화 보러 갔다.
이때는 한길샘 필기노트를 옆구리에 끼고 들어갔다.
필기노트가 너덜너덜해진 데는 다 이유가 있다.
영화 끝나고 나오면 필기노트와 영화 내용을 대조해봤다.
팩트이고 맞으면 바로 외워버렸다.
근데, 간혹 영화에 픽션이 섞여 있다.
물론 그걸 팩트로 착각하고 외우면 큰일 난다.
그걸 방지하기 위해 필기노트로 팩트와 픽션을 바로 확인하라는 거다.
이렇게 외운 건 시험이 끝나도 안 잊어버린다.
더구나 시험도 트렌드다.
그해 각종 이슈와 연관되지 않을 수 없다.
왜? 현 이슈 자체가 역사의 한 장면으로 기록될 것이기 때문에.
2018년은 특히나, 남북정상회담을 비롯해서 북미정상회담까지,
굵직굵직한 이슈가 많은 해다.
근현대사 그 주위를 다~ 훑어야 한다.
일요일 저녁 방송하는 '역사저널 그날'은 아주 유익하고 재미도 있다.
교과서에서 볼 수 없는 다양한 영상과 해설로,
교과서나 필기노트가 입체적으로 다가온다.
이렇게 놀면서도 꼭 국사랑 같이 놀았다.

Q3 대한민국 역사는 왜곡됐다던데, 왜 그걸 공부하죠?
A3 수험국사는 그냥 외워라.

공무원 국사 공부하면서 역사 왜곡 따지는 사람 있나?
물론 그럴 수도 있다. 그러나 수험국사는 그냥 외워라.
인생엔 먼저 해야 할 것과 나중에 해야 할 것이 있다.
혹시나 역사가 왜곡됐다고 하니,
죽어도 국사는 공부하기 싫다고 생각하는 사람이 있나?
그러면서도 공무원은 되고 싶고?

지금 내가 니들한테 말하고자 하는 건 수험국사다.
일제 36년간 일본은 우리에게 민족말살정책을 폈다.
역사책은 불태워졌고, 많은 역사학자들이 죽임을 당했다.
백 년이 가도 밝혀지지 않을 거라는 그들의 호언장담대로,
우리는 우리 역사에 대한 진실을 아직도 모르고 있다.
사실로서의 역사든 기록으로서의 역사든,
랑케든 E. H. Carr든 다 떠나서,
일본은 대한민국과 인류 역사에 부끄러운 줄 알아야 한다.
이건, 하~ 넓게는 인류 역사에 대한 말살이기 때문이다.
그리고 대대손손 대한민국 후손에게,
지구가 멸망할 때까지라도 사과하고 갚아야 할 문제라고 난 생각한다.
돈 몇 푼으로 끝낼 수 있는 문제가 아니란 말이다.

자~ 다시 와서, 니나 나나, 우리는 역사학자들이 아니다.
역사학자들조차 말할 수 없는 경우도 있다.
만에 하나 수험국사조차 왜곡된 내용을 담고 있다 치자.
그 수험국사라도 충분히 이해해야, 훗날 진실이 밝혀질 때,

뭐가 사실이고 거짓이었는지 비교할 수 있을 거 아니가?
뭔 말인지 알겠나? 진실은 니도 모르고 나도 모른다.
그래도 니는 역사의 진실이 궁금해서,
도저히 잠 못 드는 사람 중 한 명인가?
공무원 합격하면, 너에게 수많은 자유시간이 주어질 거다.
대한민국 역사를 공부할 자료는 방대하다.
역사의 진실을 알기 위해 공부할 수 있는 방법도 많다.
진실한 우리 역사에 관한 다양한 의견과 이론을,
수험과 관계없이 자유롭게 공부해라. 맘~대로.
다만, 니가 먼저 공부해야 할 건 수험국사다.
수험국사는 이게 진실이냐 아니냐를 묻는 시험이 아니다.
진실을 찾는 건 합격하고 나서 탐구과제로 미뤄둬라.

(5) 선택과목 : 행정법, 행정학, 사회복지

행정법 : 써니

행정학 : 신용한

사회복지 : 김형준

왜 선택과목을 3과목을 했냐면,
난 처음 공무원 준비를 행정직으로 시작했었다.
선택과목으로 행법, 행학, 이 두 과목으로 시작했다.
이 두 과목은 행정에 관한 기본적인 것을 배울 수 있어,
공무원이 되면 정말 다양한 상황에서 도움이 많이 된다.
합격할 자신만 있다면, 행정법, 행정학은 꼭 추천한다.
그러나 시험만 생각한다면 선택과목은,
내가 그 과목과 작은 연계라도 있거나,

잠시라도 공부해 본 걸 택해야 시간을 줄일 수 있다.
나의 경우 사회복지사 자격증이 있어서,
사회복지 과목은 전략 과목이 될 수 있었다.
그래서 처음부터 제1과목으로는 사회복지,
제2과목으로는 행정학, 행정법 중 하나를 선택해야 했다.
2016년 첫 시험이 서울시 사회복지 9급 공채였고,
이 시험에 대비하기 위해서 시험 3개월 전,
그간 공부해 온 행정법 대신 사회복지로 바꿨다.
사회복지는 기출, 압축특강만 듣고 85점 맞았다.
행정법을 끝까지 밀고 가지 못했던 이유는,
난 법 무식자여서 막판 모의고사에서 50점을 넘지 못했다.
시간이 없어 1회독밖에 못했기 때문.
이대로 가다간 합격은커녕 과락을 면치 못할 것 같았다.

공무원시험 과목 중 실제 공무원 업무와 가장 많이 연관되는 과목은,
누가 뭐래도 행정법 과목이다.
써니쌤의 열강과 그때 받은 수업내용은,
실제로 공직 업무를 수행하는 데 큰 도움이 되고 있다.
법 상식이 어느 정도 있고, 시작을 행정법으로 했다면,
행정법은 안정적으로 고득점을 먹을 수 있는 과목인 만큼,
끝까지 밀고 나가라고 말씀드리고 싶다.

행정학은 나 같은 행정 무식자가 신용한쌤을 안 만났으면,
수많은 불합격 수기의 하나처럼 다른 점수 다 잘 받고도,
이 한 과목 과락으로 탈락했을지도 모른다. 아찔하다.
2016년 서울시 사복은 행정학의 난도가 높았다.
조정점수를 적용하면 50점이 평균이라는 말이 나돌았다.

선택과목은 조정점수 때문에 희비가 엇갈리기도 하는데,
난 행정학을 50점 맞고도 조정점수 덕분에 결과는 합격.
기본, 기출, 모의, 압축 단 1회독 만으로,
나에겐 미지의 우주 같은 행정학을 과락 면하게 해주고,
결국 최종 합격이라는 선물을 안겨준 신용한샘.
샘 본인이 5급 행정고시 출신으로,
수업 중 공무원과 관련된 실질적인 조언을 많이 해주셔서,
공무원에 대한 기대감과 현실감도 익힐 수 있었다.
용한샘이 이야기해주신 감사원과 청와대가 있는 뒷길을,
합격하고 나서 주말에 걸었는데 정말 좋았다.

선택과목은, 웬만하면 나처럼 중간에 바꾸지 말고,
처음부터 잘 할 수 있는 걸 선택해서 쭈~욱 가는 게 낫다.
1년이라는 짧은 시간, 나의 무리한 욕심에,
선택과목으로 사회복지, 행정법, 행정학을 포함해서,
총 6과목을 정신없이 하느라 하마터면 떨어질 뻔했다.

PART
IV

나 자신을
경영하는
전문경영인

* 직장인 공시합격 5요소 : 시간, 돈, 체력, 멘탈, 인간관계
* 시 · 돈 · 체 · 멘 · 인 : 난 끊임없이 이 이야기를 할 거다.
공사할 때 설계도면을 그리고 건축비를 계산하는 것과 같다.

> ① 시간 : 1년 +
> ② 돈 : 1천만 원 +
> ③ 체력 : 땀, 에너지 + ⎤
> ④ 멘탈 : 정신력, 열정, 절박함, 끈기 + ⎬ = 합격
> ⑤ 인간관계 관리 + ⎦

이 다섯 가지를 항상 염두에 두어야 한다.
니가 직장 다니면서 9급 공채 합격했다 하면,
사람들 첫 마디가 '와~ 대단하다.'는 소리일 거다.
니가 이 책을 집어든 시기가 언제든 1년 뒤 합격하면,
니가 그 소리를 듣는 시기는 내년이 될 거다.
그건 니가 9급이라서 사람들이 '와~' 하는 게 아니라,
니가 1년간 직장인으로서 한정된 시간, 돈, 에너지를 허투루 쓰지 않고,
철저히 관리해 온 것에 대한 인정이다.

기업에만 전문경영인이 있는 게 아니다.
난 나 자신을 경영하는 전문경영인이 되기로 했다.

01 시간관리

1) 시관관리와 집중력 양 날개

굳이 하버드 출신 세계적인 인재들의 성공비법을 담아낸,
'하버드 첫 강의 시간관리 수업'이라는 책을 보지 않아도,
니들의 수험의 시작과 끝은 시간관리와 집중력이다.
난 1년을 잡았다. 그 이상을 버틸 힘이 없었다.
내 인생에 공시를 준비할 마지막 기간.
나에게나 너에게나 시간은 무한정이 아니다.
내년에 무슨 일이 터질 줄 알고?
이 1년이 지나면 내 인생에 다시는 공시를 공부할 기회는 찾아오지 않을지도
모른다고 생각했다.
나이 40에 이렇게 집중적으로 몰아붙일 돈, 시간, 체력,
1년 뒤에도 나를 받쳐줄 수 있을 것인지 알 수 없었다.

무조건 1년을 목표로 계획을 세워야 한다.
아마도 2년 만에 붙었다는 사람도 있겠지만,
그 사람도 앞에 1년은 어떻게 보냈는지 모른다.
단언컨대 앞에 1년은 시 · 돈 · 체 · 멘 · 인 계획 없이,
많은 시행착오를 겪었을 거다.
마지막 1년을 치열하게 하지 않으면 붙지 못할 시험이다.

집중력이 바로 여기, 마감기한에서 나온다.

니가 오늘 보는 이 강의가,
니 인생 마지막 강의가 될 거라는 각오로부터 시작하는 거다.
강의할 때 대충 흘려버리고 강의 끝나 다시 복습해야지?
Oh, no~ 복습할 시간 없다. 다시 못 본다.
그렇게 믿을 때 집중력이 발휘된다.
기본, 기출, 모의, 압축. 모든 강의를 딱 1번만 봐야 한다.
정말 다시 봐야겠다 싶걸랑, 평일에 계획한 진도 다 빼고,
토요일에 남는 시간이 있다면 다시 봐라.
아마 토요일에도, 채우지 못한 진도 빼기에 벅찰 거다.
하루 4~5강. 그것도 1년간. 그게 쉬운 일은 아닐 테니까.

기억해라. 니가 오늘을 미루는 순간 니 수험기간이,
단순히 365일에서 366일이 되는 게 아니라,
1 + 1 = 2!!!
1년에서 1년이 더 늘어 2년이 걸린다는 걸.

집 짓는다고 생각하면 단순하다. 공사기간, 예산이 나온다.
너한테 주어진 이 공부할 시간,
시간과 함께 날아가 버리고 있는 돈,
갈수록 소진되어 가고 있는 체력을 늘 염두에 두고 해라.

오늘 못하면 내일 하지…. 이런 날이 있을 수 있다.
사람 일이라는 게 언제 불가피한 일이 생길지 알 수 없다.
허나, 정말 그런 날이 하루라도 있다면,
토요일에는 밤을 새워서라도 니가 그 주에 정한 진도를 마무리해야 한다.
이런 불가피한 일은 늘 생기는 것이 아니기 때문에,
무엇보다 평상시 계획대로 밀고 나가는 게 중요하다.

어제는 일 끝내고 집에 오니 밤 9시가 넘었다.
11시쯤 잠자리에 들었고, 새벽 2시에 깼다. 주말인데.
지금이 아니면, 그때의 치열했던 순간들이 내 기억 속에서 지워질 수도 있다는 두려움 때문인지도 모르겠다.
이 새벽에도 잠 못 이룰 절박한 직장인 수험생, 장수생들,
그들의 수많은 질문과 쪽지를 차마 외면할 수 없다.
내가 이 책을 쓸 수 있는 체력, 시간, 기회, 기억력,
어느 것 하나 영원한 것이 없다.
내 인생에서 니들의 질문에 답해야 하는 게 내 숙제라면,
바로 지금 해야 하는 거다. 내가 미결을 싫어하기도 하고.
그래서 잠시 눈을 붙였다가 새벽에 일어나,
지친 몸과 머리를 깨워 이렇게 글을 쓴다.
왜? 오늘은 지나면 다시 돌아오지 않으니까.
니들 질문에 답하기를 끝내놓고 나도 좀 쉬고 싶다.

사람들이 왜 2~3년을 꿇을 수밖에 없나? 함정 때문이다.
공부를 시작할 때 1년 진도에 대한 계획이 없다.
그래 놓고, 9급 공시가 뭔가 대~단하다는 허상에 빠진다.
이 함정에 빠지는 순간, 이미 진 게임이다.
비록 2년 만에 붙더라도 처음부터 1년을 목표로 계획을 세우는 것과,
애초에 2년을 목표로 계획을 세우는 건 그 시작이 다르다.
특히 직장인 수험생들은,
처음부터 계획을 2년으로 잡고 죽~ 늘여서 하는 게 아니다.
니가 몇 년을 꿇었든, 합격하기 전 마지막 1년은,
1년 진도에 맞는 계획을 세워 집중적으로 몰아붙여야 합격한다.

2) 점심시간 1시간 = 1년을 버텨주는 힘

직장인 수험생은 점심시간 1시간도 소홀히 하면 안 된다.
점심 1시간 동안 틈새수면 20분, 틈새운동 10분을 지켰다.
사실상 이 1시간이 너의 1년 단기합격을 좌우한다.
우르르 몰려다니면서 퍼지게 점심 먹고,
후식까지 먹고 마시면서 노닥거릴 시간이 없다.
점심시간 1시간, 원래는 나도 동료들과 같이 먹었다.
본격적으로 공시를 시작하면서 점심시간은 따로 보냈다.
그 1시간, 소외감이 들기도 하고, 외롭기도 하다.
그런데 그거, 잠시다.
그 잠시의 외로움에도 불구하고 틈새를 잘 활용하면,
1년을 버틸 에너지를 바로 그 시간에 충전할 수 있다.

> 사람을 강하게 만드는 것은
> 사람이 하는 일이 아니라
> 하고자 노력하는 것이다.
> —어니스트 헤밍웨이—

3) 1년 합격의 비법은 자투리 시간 관리에 숨어있다.

자투리 시간이란, 눈 떠 있는 모든 시간이다.
일과 독서실에 앉아 공부에 집중하는 시간을 제외한.
공부해보면 알지만, 시간 진짜 없다.
시간을 쥐어짜서라도 틈틈이 책이든 강의든 봐야 한다.

- 아침 눈뜨고 : 필기노트강의 틀어놓고 씻고 양치
- 잠들기 전 : 필기노트강의 틀어놓고 잠들기 (꿈속에서도 외워짐. 담날 아침 생각남. 신기)
- 출퇴근길 : 이동기 영단어 쪽지 (차 조심, 맨홀 조심)
- 점심식사 : 이선재 국어 외래어, 표준어, 한자
- 저녁식사 : 필기노트강의 틀어놓고 밥 먹기
- 걷는 시간, 화장실 앉아 있는 시간, 청소 시간 등 기타 자투리 시간 : 이동기 하프 영단어 눈에 바르기
- 사무실 앉자마자 : EBS 국어모의고사 3~5문제 풀기
- 독서실 앉자마자 : EBS 영어모의고사 3~5문제 풀기
  　　　　　　　　 EBS 매일 20분 투자.
  　　　　　　　　 EBS 3~5문제 × 300일= 약 1000문제

봐봐~. 하루도 국어, 영어, 국사를 눈에서 떼지 않았다.
각각 80점, 80점, 90점을 받고 합격했다.
자투리 시간 활용의 마법이며, 합격의 필수 비법이다.
자투리 시간이 이렇게 중요하다.
카톡 볼 시간 10분도 없다. 폴더폰을 쓰라는 이유다.

Q1 수험기간이 정확히 어떻게 되나요?
A1 '공시연애기간'이랄까? 헤매던 6개월 남짓.
계획 세워 제대로 한 건 8개월. 합해서 대~충 1년.

정확히 5과목 제대로 공부한 기간을 말하라면,
2015년 7월 공단기 프리패스 끊고 전과목 달릴 때부터,
2016년 3월에 시험을 치렀으니 딱 8개월이다.
2016년 2월부턴 시험 이틀 전날까지도,
태양의 후예에 정신 팔려 살았을 만큼 막판 1달은 공부가 안됐다.
눈에 안 들어오고, 귀에 잘 안 들린다. 멘붕이 왔다.

짝사랑, 어장관리를 연애라고 부르지 않듯이,
2015년 1월 1일 이전까지는 공부 기간에 넣지 않는다.
2015년 1월 독서실 입성부터 2015년 6월까지 양다리,
쌈, 썸타며 헤맨 기간을 포함해서 대략 총 1년이다.
그만큼 방법을 몰라 헤맸던 시간도 시간이니까.
헤매는 시간을 줄이는 만큼 단기합격에 가까워진다.
합격자들이 1년 걸렸네, 8개월 했네, 하는 게 맞는 말이다.
그들 입장에선 그게 뻥이 아니고,
방향을 제대로 잡고 공부한 기간을 말한 거다.
그 전까지 나 역시 스스로도 다 기억 못 할 정도로,
이 사이트 저 사이트, 이 강사 저 강사, 이 책 저 책….
하~ 시행착오 많이 했다. 결국 끝까지 같이 가지 못했다.
이 언니가 6개월이 넘게 돌고 돌다 한길샘 만나고,
공단기 만난 후 8개월 만에 합격한 피눈물 나는 경험이다.

【공시 짝사랑 → 어장관리 → 쌈/썸 → 연애 → 합격】

공시 연애 진행	공시는 두려운 짝사랑. 희망사항. 어장관리.	문어다리. 양다리. 쌈타기. 썸타기.		전과목 해바라기. 본격 연애 시작. 8개월 뒤 합격.
연애 기간	~2014. 12. 연애기간으로 계산 안 함.	2015. 1. 1.~2015. 7. 4. (약 6개월)		2015. 7. 4.~ 2016. 3. 시험일. 약 8개월.
		쌈 2개월	썸 4개월	
		2015. 1. 1.~ 2015. 3. 1.	2015. 3. 1.~ 2015. 7. 4.	
연애 진도 빼기	공단 정규직 최종면탈. 공무원 껄떡대기. 간보기.	독서실 입성. 마음만 잡음. 몸은 안 따름. 합격수기읽기. 엉덩이붙이기.	이 강사 저 강사. 이 책 저 책. 엎치락뒤치락. 양다리. 문어다리.	8개월간 합격까지 한 강의, 한 강사 쭉~ 감. 최종합격 골인.
국사	가장 두려움. 필기노트 끌어안고 시작할까 말까.	필기노트 끌어안고 썸타기. + 타 국사 강사 강의 결재. 양다리, 문어다리, 엎치락뒤치락.		전한길로 쭉~ 한길. 국사에 공들임. 필기노트+ 2.0, 3.0, 4.0, 5.0, 사료집, 문화사.
영어	이동기 하프 맛보기.	이동기 하프+기본강의 시작.		이동기 기출+ 모의+압축
국어	–	여러 강사. 강의, 교재 엎기. 엎치락뒤치락.		이선재 기본+기출+ 모의+압축
행정학	–	신용한 기본 진도빼기.		신용한 기출+모의+압축
행정법	써니 간보기.	써니 기본 진도빼기.		써니 기출+모의
사회 복지	–	–		시험 3개월 전, 김형준 기출+압축

Q2 말이 1년이지 현실적으로 너무 짧은 거 아니에요?
A2 1년 300일 × 8시간 = 2,400시간.

야, 니~ 진짜, 휴~~~
공부하면서 보내는 1년이 얼마나 긴지 모르제?
하루하루가 1년 같고, 1년이 10년 같다.
아니, 난 진짜 1년간 10년은 늙었다.
진지하게, 공시 도전 1년 전엔 어디 가면 20대라고 했다.
합격하고 2년이 지난 지금은 다들 30대로 본다.
물론 실제 나이는 40대다.

1년이 얼마나 긴~ 시간인지 이 언니가 설명해줄게.
니들은 하루 한 시간은 카톡에, 전화질에, 인터넷에,
시간을 막 갖다버리면서 1년은 짧아요~ 불평들을 한다.
하루 1시간이면 1년 300시간이다.
1과목 기본+기출+모의 끝낼 수 있는 시간이다.
하루 5시간만 하면 1년간 공시 5과목을 끝낼 수 있다.
시간 계획은 무조건 하루 공부시간 × 300일로 가야 한다.

니가 버리는 오늘의 1시간은,
한 과목을 버리는 1년 동안의 300시간이라는 걸 명심해라.
내가 시간 계획을 1년 단위로 세우라는 이유다.
니가 오늘 하루 8시간을 제끼면,
단순히 365일 + 1일 = 366일이 아니라,
반드시 365일 + 365일이다. 제발 착각하지 마라.
공시는 5과목을 다 80~90점 맞아야 합격하는 시험이다.
니가 못 찾아먹은 오늘 하루 밥은,

평생 다시 못 찾아먹을 밥이고,
다시 한 번 말하지만 니가 버린 오늘의 1시간은,
1년 동안 300시간, 1과목을 버리는 시간이다.

1년을 난 300일로 계산했다.
하루 8시간 공부하면 2,400시간.
하루 5시간 공부하면 1,500시간.
1과목 기본, 기출, 모의, 압축 끝내는 데,
대략 계산해서 100 + 50 + 30 + 20 = 200시간이 든다.

공시 5과목 × 200시간 = 1,000시간이다.
1,000시간 = 하루 4시간 × 250일 = 대략 8개월이다.
8개월 합격자가 나오겠냐? 안 나오겠냐? 나온다!

니가 기본적으로 직장인이라 생각하고 이 글을 쓴다.
이 책을 덮고 나가서 수험을 시작하면 알겠지만,
한길샘 카페 합격수기 봐봐라.
8개월 합격이 수두룩 빽빽.

Q3 노량진에서 공시만 전업으로 해도 2년이라던데요?
A3 무조건 1년 안에 붙어야 하는 이유.
**   공시계가 니들에게 말하지 않는 것.**

고시처럼 공부하고 1년 만에 붙어라.
고시생처럼 시간, 돈, 에너지, 모든 것을 '1년'에 집중했다.

공시계 모든 시간표는 매년 7월부터 1년간 맞춰져 있다.

나는 프리패스로 1년 동안 강사의 강의를 그냥 따라갔다.
1타 강사들이 1년 안에 합격할 수 있는 커리를 만든다.
강의 커리는 7월부터 1년마다 업데이트된다.
책도 7월부터 매년 전체 시리즈가 새로 나온다.

1년 흐름을 타야 한다.
강사고 책이고, 이게 모두 다~ 돈이고 시간이다.
근데, 안타깝게도 이 흐름을 놓치면 단기합격 힘들다.
그리고 기호지세다.
이미 호랑이 등에 탔는데 뛰어내리면 다친다. 합격 못한다.
매년 시험에는 예상되는 출제 트렌드가 있고,
그 1년의 트렌드를 가장 잘 파악하는 사람은 강사다.

프리패스 인터넷 강의가 있다.
직장인 단기합격자가 나올 수밖에 없는 도구다.
시간, 공간의 제약을 넘어선다. 무제한 반복. 배속강의.
합격수기 카페에 들어가 보면 알겠지만,
8개월 단기 합격자들의 수기가 점점 늘어난다.
그 흐름에 직장인 합격생들도 합류하고 있디.
하루라도 빨리 합격하는 게 장땡이다.
피땀 흘려 번 돈이고, 목숨 같은 시간이다.
절박하게 1년 안에 끝내라. 그리고 자유롭게 살아라.
9급 공무원시험, 길게 끌고 갈 거 절대 아니다.
나이는 또 어쩌고.
나이를 한 해 한 해 먹는다는 건,
니 몸이 한 해 한 해 썩어간다는 거다.
니 체력에 한계가 있다는 거다.

올해의 니 몸은 내년의 니 몸이 아니란 말이다.
오늘이 니 인생에서 가장 젊고 좋은 컨디션이라는 것.

꼭 1년 안에 붙겠다는 마음은 갖되 조급증은 버려라.
조급증은 너에게 스트레스로 작용하면서,
불필요하게 너의 에너지를 뺏는다.
시작은 가볍게 하되, 점점 몰입도와 밀도를 높여 가라.
그러다 보면 1년 만에 붙어 나가는 거다.
1년이 짧아 보일 수 있지만,
마라톤이라 생각하고 첨부터 너무 힘 빼지 마라는 뜻이다.
너의 시간, 에너지, 인간관계, 일과 가정에,
질서와 로드맵을 만들어 1년 안에 합격하는 길을 가라.

Q4 그러면 다 합격하지, 왜 2~3년 장수생이 생기는가요?
A4 장수생이 되는 데는 다~ 이유가 있다.

A4-1 책, 강사 수시로 갈아엎기.
많은 사람들이 장수생이 되는 이유 중 하나는,
이 강사 저 강사 듣다가 커리큘럼을 다시 엎어버리고,
책을 다시 사고, 진도는 엉키고….
돈은 돈대로, 시간은 시간대로 버린다.
나도 처음엔 그랬다. 왜? 아는 게 없고 불안했기 때문에.
그렇게 책, 강사 엎으면서 어장관리 시간낭비로 버렸다.
다행히 난 한길샘 만난 후 갈아엎기는 6개월로 끝냈다.
엎는 기간이 길어지면 첫 해 불합격하고,
2년차 때 다시 기회를 놓치면 3년차 장수생이 되는 거다.
이후로 '나는 안 되나 보다.' 하면서 다시 아르바이트, 계약직 전전하다가,

후회하면서 다시 공시세계로 돌아오면 4~5년차가 된다.
1년 만에 붙어서 나가기로 결단해라. 니 의지의 문제다.
강사선정 1주일 내로 끝내라.
도저히 모르겠다면 그냥 합격생들 최다 추천 강사로 1년 밀고 나가라.

A4-2 혼자서 볼 것, 안볼 것 물불 안 가리고 보는 사람.
절대 혼자 깊이 파지 마라. 니들은 학자나 강사가 아니다.
좁고 깊게 하는 사람은 다른 데서 펑크나서 합격 못 한다.
9급은 넓게, 반복하는 사람이 이긴다.
강사가 가는 데까지만 가고, 강사가 멈추면 멈춰라.

02 돈관리

#연간 최소 수입 : 월 150만원 × 12 = 1,800만원
#연간 공무원 준비에 필요한 돈 : 1,000만원

〈예상지출 목록〉
#인터넷 프리패스 강의 : 100~200만원(연간)
#책값 5과목 × 20만원 : 100만원
#밥값(점심, 저녁 사먹기) : 월 30만원 × 12 = 360만원
  돈으로 시간을 사라. 1년 동안 msg 먹어도 안 죽더라.
#독서실비 : 월 12만원 × 12 = 144만원
여기까지 804만원

#막판 6개월간 독서실과 집, 왕복 택시비 1만원
  월 20만원 × 6 = 120만원
여기까지 804만원 + 120만원 = 924만원

#나머지 약 76만원은 중간 중간에 특강, 실시간 모의고사, 현장 압축 특강 왕복차비, 복사물 등 예상치 못한 비용
여기까지 총합 1,000만원

니가 아직 젊고, 건강하고, 일을 할 수 있고,
책을 볼 시력이 된다면 못할 건 없다고 생각한다.
젊음, 건강이 자산이다. 이건 돈으로 살 수 없는 거니까.
하루 8시간 정도 일하고 월 150만원을 벌 수 있다 하면,

연간 150만원 × 12개월 = 1,800만원.
이건 하루 8시간 일해서 받을 수 있는,
2018년 최저임금 시급 7,530원을 기준으로 쓴다.
1년간 1천만원은 공부하는 데 쓰고,
남는 800만원 가운데 30만원은 용돈으로 쓰고,
나머지 금액은 고시원, 원룸의 월세를 낼 수 있는 돈이다.

생업을 때려치우고 하는 공부는 이 책의 관심사가 아니다.
먹고 살아야 하기 때문이다.
그러나 먹고 사는 문제 때문에 니 목표를 포기하지 마라.
한번 사는 인생. 현실의 굴레 때문에 꿈을 포기하지 마라.

Q1 **꿈과 돈 사이. 돈 없으면 공시 공부 못하나요?**
A1 **꿈이 있어야 산다. 허나 돈이 있어야 공시 합격한다.**

한길샘 카페에 한 학생이 이런 글을 올린 걸 봤다.
돈이 없는데 라면만 먹으면서 석 달까지 버틸 수 있냐고.
하~ 너무 가슴 아프다. 정말 눈물 났다.
어디 먼 나라 이야기도 아니고, 현실 공시생 이야기다.
그럼에도 불구하고, 난 이 친구가 불쌍하지는 않다.
라면만 먹어도, 하루하루의 목표를 세우고,
꿈을 안고 살아가는 그대를 난 정말 존경한다.
집이 우리 동주민센터 근처라면,
오라고 해서 밥 한 끼 사주고 싶다. 진심이다.

그런데 한편으로, 진짜 라면 먹을 돈밖에 없다면,
밥값 한 달 30만원, 돈 벌면 안 되나? 생각이 들었다.

뭔 말이고?
꿈이 있어야 산다. 허나 돈이 있어야 공시 합격한다.
부모님이 못 보태줄 것 같으면, 돈 벌어서라도 해야지.
체력이 재산이다. 마지막까지 체력으로 버텨야 한다.
라면만 먹고는 체력이 한 달도 못 버틴다.
흙수저, 마이너스수저를 원망할 시간이 없다.
니 꿈이 있는데, 니는 대가를 치를 각오가 되어 있나?
라면만 먹고 버틴 체력으론 몇 달을 갈지 예측할 수 없다.
1년은 짧지만, 버티기엔 긴~ 시간이다.
돈 벌면서 못한다는 그 생각의 틀을 깨는 게 관건이다.

건축비 계산하고 건물 올려라.
대가 없는 열매 없고 투자 없는 결과물 없다.
평생직장을 얻는 일이다.
돈 없는 사람들은 공무원 하지 말라는 말인가? 물으면,
내가 해줄 수 있는 말은,
내가 벌어서든 누가 지원을 해줘서든,
공부를 할 수 있다는 것 자체만으로도 축복이라는 것이다.
자신이 자신의 후원자가 되어 스스로 우산을 만들든,
또는 가족의 도움을 받든.

등록금 없이 대학 갈 수 없는 것처럼,
돈 없이 공무원에 합격하기란 쉽지 않다.
그것도 1년 안에 압축적으로 합격하기 위해선,
절대적으로 경제적 뒷받침이 필요하다.
나는 합격하고도 임용교육 이틀 전에야 사표를 썼는데,
임용 전까지는 경제적 문제를 해결해야 했기 때문이다.

Q2   돈이 없어요. 대출받아서 하면 안 되나요?
A2   NO. 대출은 갚을 수 있을 때 받는 것. 합격 후에.

갚을 수 없는 대출은 받는 거 아니다. 더구나 신용대출은.
대출받고 갚지 못하면 신용불량자다.
신용불량을 넘어 파산선고까지 받게 되면,
공무원시험 응시 자격까지 제한될 수 있다.

※ 국가공무원법 제33조(결격사유)
2. 파산선고를 받고 복권되지 아니한 자

신용을 지켜라.
통장잔고가 언제 바닥날까,
걱정하며 공부하면 집중 안 된다. 아니, 공포스럽다.
몸이 좀 힘들어도 맘은 편하게 하루하루 니 밥벌이해라.
공무원 합격 후 공무원 합격증만 들고 가도 모 은행은,
마이너스통장 바로 뚫어준다. 그게 니 신용이다.
합격하기 전까지는 대출받지 마라.

Q3   올해 시험에 떨어졌어요. 돈도 없는데, 부담됩니다.
     책, 강의 새로 봐야 하나요?
A3   공시는 트렌드다. 기출만큼은 반드시 최신 걸 봐라.
     니가 떨어졌던 바로 그 시험의 기출 해설강의는 반드시 챙겨들어라.

장수생 중 최신 기출 절대로 안 사고 버티는 사람이 있다.
학원, 강사 배불리는 일이라고 생각하는 사람들이 있다.
그러다가 내년에 다시 공시로 돌아온다.

명품은 제값을 주고 사는 게 맞고,
최신기출 강의와 최신기출 책은 그해 바꾸는 게 맞다.
옛날처럼 저~어기 멀리 절에 두꺼운 책 들고 가서,
몇 년 공부하다 도 닦듯이 나오는 그런 시험이 아니다.
9급 시험은 철저히 트렌드다.
돈? 든다.
근데, 돈 제대로 한 번 쓰고 합격해서 나가는 게 낫지,
손해 볼까 싶어 돈 조금 아끼다가 한 번 더 꿇으면,
그런 류의 사람들이 진짜 학원, 강사 배불리는 거다.
니가 벌어서 돈 쓸 때 제대로 쓰고 1년 안에 붙어 나가라.
일하면서 공부하라는 이유다.

03 체력관리

1) 잠

하루 24시간 가운데, 10시간 사무실에서 보내고,
8시간 공부하고,
2시간 씻고, 밥 먹고, 이동하고,
이러면 잠 잘 시간 딱 4시간 남는다.
'4당5락'이라는 말처럼 결국 그렇게 된다.
니가 일을 하면서, 강의 진도를 충실히 빼면서,
1년 정도는 딱 버틸 수 있는 적합한 수면시간이다.
4시간.

2) 틈새수면

점심 식후 가장 가까운 곳에서 20분 취침.
저녁 식후 독서실 휴게실에서 30분 취침.
내 1년 직장인 수험기간을 버텨준 오아시스.
점심식사 후 20분은 회사 체력단련실 옆 여자휴게실이든,
직장 앞 맥도날드나 커피숍에서 뭐 하나 시켜 놓고서든,
사무실 책상에 엎어져서든, 20분간은 쓰러져 잤다.
점심시간 낮잠 잘 땐 알람을 필히 맞춰놓아야 한다.
낮잠 20분, 깊이 잠들지만 또 금방 지나간다.
그래도 자고 일어나면 오후를 버틴다.

3) 틈새운동

사무실 지하에 간단한 운동기구들이 있는 공간이 있었다.
구내식당에서 20분간의 식사를 하기 전에,
스트레칭과 간단한 근력운동을 10분 정도 했다.
이 짧은 운동이 내게 어떤 영향을 줬는지 알 수 없지만,
1년을 큰 무리 없이 버텼다는 결과만으로도 충분하다.
짧은 운동이라도 하지 않는 것보다 하는 것이,
체력 유지에 유리하다는 건 삼척동자도 아는 일일 테니까.
다만 막판엔 운동은 잘 안 지켜지더라.

⁰⁴ 멘탈(스트레스)관리

Q1 부모 같지도 않은 부모 만나 인생이 너무 힘듭니다.
근데 부모 그늘을 벗어날 힘은 없습니다.
이런 내 모습이 너무 싫습니다.
부모님 도움 없이 당당하게 공부해서 공무원 되고 싶은데 어떡하면 좋을까요?

A1 니 손으로 돈 벌며 공부해서 합격으로 보여줘라.
악순환은 니 선에서 끝내라.

야! 부모 탓, 남 탓하지 마라.
니가 얼마나 힘든지 너 이외엔 모른다.
근데 중요한 건, 니 인생이라는 거다.
니 부모 인생이 뭐 같든, 니 인생은 니가 만드는 거라고.
부모 욕할 시간에 필기노트 한 자나 더 봐라.
유튜브에서 한길샘 쓴소리 찾아 들어라.
남 탓하는 인생, 망한다.
니가 바꿀 수 있는 건 니 인생이지, 부모 인생이 아니다.
그분들이라고 그렇게 살고 싶었을까?
그분들 역시 니만큼이나 자신들 인생이 괴로울 거다.

부모 그늘 벗어나고 싶은데 돈은 없고,
그런데도 공무원은 죽어도 되고 싶다면,
니가 돈 벌면서 공부해라.

멀쩡한 육신에 공무원 공부에 도전할 정도의 머리면,
돈 벌면서 공부해도 니 꿈 이룰 수 있다.
괜히 여기저기 욕글 싸지르고 다니지 마라.
부모 잘못 만나도 제대로 된 스승 한 분만 만나면,
인생 바뀐다.

니 분노를 절박함으로 바꿔 이 악물고 공부해라.
니 글이 다음에는 합격수기에 올라왔으면 좋겠다.
진짜 누군가에게 복수하겠다면 공무원 합격으로 복수해라.
마음으로 응원한다. 진심이다.

Q2   수험 중 스트레스관리 어떻게?
A2   개그콘서트 + 역사저널 그날 + 태양의 후예.

일요일은 무조건 쉬는 날. 나도 사람이고, 니도 사람이다.
일, 공부만 하다가는 진짜 일, 공부에 치여 죽는다.

① 일요일 밤 개그콘서트
수험시간 일주일 중 단 하루 크게 웃는 시간.
한주도 거르지 않고 봤다.
태양의 후예와 더불어 스트레스 해소, 탈출구였다.
일부러라도 와~~ 기분 좋게 웃고 나면, 멍~ 해진다.
웃음은 뇌를 기분 좋게 한다. 멘탈 관리에 직방이다.

② 역사저널 그날
이것도 일요일 밤, 쉬면서 봤다.
음~ 이건 나만의 꿀팁인데,

거기 패널로 나오는 분들이 다 현직 교사, 교수님들이다.
공영방송 패널로 나온다는 건 영향력이 있다는 거다.
어쨌든 공영방송의 역사적 이슈는 흐름을 꿰어야 한다.
국사 시험의 유력한 주제가 거기서 나올 수도 있다.
난 역사저널 그날을 시청할 때도 필기노트를 펼쳐놓았다.
필기노트의 입체화다.
단, 일부러 공부하려고 필기노트를 본 게 아니라,
TV를 시청하면서 생기는 의문점을 확인하는 정도였다.
일요일 밤, 놀면서도 국사를 손에서 놓지 말라는 말이다.
우선순위가 뒤바뀌면 안 된다.

③ 태양의 후예
시험 막판에 드라마에 빠지는 건 진짜 추천하지 않는다.
못 헤어난다. 근데 우짜겠노. 나는 태후가 너무 재밌었다.
하필 시험 1달 전에 방영을 시작하는 바람에,
태후 때문에 시험 막판에는 멘붕이 좀 온 것 같다.
그런데 지금 돌아보니,
드라마를 통해 막판 시험 스트레스 관리에 효과를 보았고,
결론은 합격했다.
100점이든, 커트라인이든, 수석이든, 꼴등이든,
합격만 하면 된다.

나는 태양의 후예를 이런 생각을 하면서 봤다.
'아~ 내가 이렇게 개~고생해서 공부했는데,
만약 떨어진다면 태후 때문이야. 하지만 난 후회 안 해.'
난 그 정도로 태후가 좋았다. 아니, 미친 거다.
그 때문에 막판엔 자신감이 없어지고,

떨어지면 어떡하나? 두려움, 공포, 이런 게 막 몰려온다.
그때 내가 한 선택은…
배째~라! 할 만큼 했으니까. 떨어져도 어쩔 수 없다.
여기서 중요한 포인트는,
드라마에 빠지더라도 멘탈관리를 잘하라는 것이지,
드라마를 보면서 멘탈관리를 하라는 게 아니다.
수, 목 밤 10시 본방사수 후,
다시 독서실에 앉아 새벽 2시까지 공부했던 거다.
만약, 니 휴식과 취미로 인해 공부에 방해된다면,
그냥 손을 대지 마라. 시작을 마라.

아~ 그래도 도움 된 건 한 가지 있다.
필기 합격하고 서울시 면접 준비할 때,
난 부산 사투리가 심했는데,
강모연의 모든 대사를 서울말로 외워서 사투리 교정 연습을 했다.

Q3 시험 막판 공포감, 두려움, 멘붕이 올 때 어쩌죠?
A3 정말 죽을 것 같을 때 오히려 두려움이 사라진다.

시험을 앞두고선 두려움이 엄습할 거다.
그게 1달 전이든 1주일 전이든.
그건 공부를 열심히 한 사람일수록,
특히 어려운 여건에서 공부한 사람일수록,
그 두려움, 공포감이 더 클 거다. 왜?
이 시험에 니는 모든 걸 다 걸었기 때문이다.
그 고비가 온다는 건 니가 정말 최선을 다하고 있다는 것.
1년간 죽을 것 같은 고비를 최소 4번은 넘겨야 한다.

3월, 6월, 9월, 12월.
안 죽는다. 앞에 말했잖아. 끽해야 걸리는 병은 요통 정도.
공포감이 올 때마다 니 자신을 인정해 줘라.
그래, 참 열심히 했구나! 대단하다~! 하고 칭찬해라.
그 고비를 넘기면 곧 시험이 다가온다.

그래, 죽도록 했는데, 더는 못하겠다.
이리 했는데도 안되면, 이래도 죽고 저래도 죽는다.
겁나는 게 없다.
맘 편안~하게 먹고 습관대로 매일매일 책상에 앉는 거다.
나 역시 그 공포감이 몰려왔다.
이렇게 죽도록 했는데, 모든 게 물거품이 되면 어떡하지?
더 이상 버틸 체력도 돈도 없다.
일하면서 이 이상은 못 하겠다!
이게 4번쯤 지나고 보니 어느새 난 시험장에 앉아있더라.

Q4 외로움. 위로받고 싶어요.
A4 합격하기 전에는 위로를 찾지 마라.

적어도 공시를 목표로 하는 학생이라면
니 삶의 가장 큰 위로는 너의 합격증이다.
너의 상처와 방황에 대한 가장 큰 위로가 될 것이다.
그건 합격증을 받아보면 안다.

너의 아픈 상처는 그 어떤 말로도 위로가 될 수 없다.
그냥 옆에서 입 다물고 니 이야기를 들어주면 모를까,
힘들었겠다, 널 이해해, 이런 말조차 짜증 난다.

이해하긴 뭘 이해해. 진정으로 날 이해할 사람은 없다.
아니, 나도 내가 이해가 안 되는데, 누가 누굴 이해하노?
철저한 진공상태와 같은 고독을 통과해야 한다.
합격은 이 외로움을 통과한 자에게 주는 면류관이다.
사람은 홀로 있을 때 자란다.

공시는 단순히 공부만 하는 시간이 아니다.
이때를 니 인생의 전환점, 터닝포인트로 삼아라.
사람은 누구나 혼자 있을 때 외로움을 느낀다.
혼자 있어봐라. 그러면 내가 누구를 만나?
나를 만나게 된다. 과거와 현재와 미래의 나를.
나의 목소리를 들어주고,
남들이 보는 나 말고 내가 바라보는 나의 모습을 봐줘라.
남이 나를 알아주기 전에 그런 나의 모습을 내가 먼저 만나줘라.
내가 나를 만나주는 시간, 그게 혼자 있는 시간이다.
폭풍 같은 외로움이 지나고 나면 잔잔한 고요함이 찾아온다.
아마 이 시간은 니 평생에 다시 못 올 시간일지 모른다.
내가 나를 만날 기회를, 하늘이 준 선물이라고 생각하라.

주위에 가족들이 힘이 될 때도 있지만,
특히, 몸과 마음이 다 지치고 약해져 있을 수험기간 동안,
가족의 말 한마디 한마디에 상처 입고 스트레스 받는다.
수험기간에 받는 상처란 상처는 가족들로부터 받더라.
니가 홀로 노량진에 와있더라도 외로움에 매몰되지 말고,
너의 그 외로움을 창조적인 에너지로 전환하면 좋겠다.
홀로 있는 그 시간을 어떻게 보내느냐,
그것이 너의 인생을 바꾸게 된다.

난 정조의 글을 종종 읽었다. 세종보다 정조가 좋더라.
정조는 고독을 창조로 바꾸어 갔다.
타임머신 잘 따라온나. 현빈 아니고 정조.
경희궁에서 즉위한 왕. 그래서 난 경희궁을 더욱 사랑한다.

▲ 경희궁에서 한 컷

업무에 지치고 삶이 힘들 땐, 종종 경희궁을 찾아간다.
지금의 경희궁의 모습을 보면 가슴이 아프다.
여담이지만, 시간이 걸리더라도 경희궁이 잘 복원되었으면 하는 것이 나의 바람이다.
정조의 글은 수백 년 뒤 말단 공시생에게도 힘이 되더라.
정조는 홀로 밤을 새워가며 책을 쓰고 무예를 익혔다.
정조만큼은 아니더라도, 홀로 있는 시간은 길고 고통스럽다.
그 고통은 성장이라는 열매를 가져다준다.
그리고 그 외로움의 고통 끝에 자유함이 온다.

공시가 어렵다고 하는데, 사실 시험이 어려운 게 아니다.

이 멘탈, 즉 외로움에 많은 사람들이 중도탈락하고,
술, 게임, 친구, 연애에서 헤어나오지 못하고,
그렇게 장수생이 되었다가 끝내 포기자가 되고 만다.
외로움을 극복하려 하기보다, 그냥 같이 가라, 친구처럼.
그리고 뭐, 꼭 나만 외로웠던 것도 아니더라고….

수선화에게　　-정호승

울지마라
외로우니까 사람이다
살아간다는 것은 외로움을 견디는 일이다
공연히 오지 않는 전화를 기다리지 마라
눈이 오면 눈길을 걸어가고
비가 오면 빗길을 걸어가라
갈대숲에서 가슴검은도요새도 너를 보고 있다
가끔은 하느님도 외로워서 눈물을 흘리신다
새들이 나뭇가지에 앉아 있는 것도 외로움 때문이고
네가 물가에 앉아 있는 것도 외로움 때문이다
산그림자도 외로워서 하루에 한 번씩 마을로 내려온다
종소리도 외로워서 울려퍼진다

Q4 수험 중 종교생활이 도움이 될까요?
A4 비빌 언덕. 내 영혼의 샘물. 수영로 금요철야.

기독교를 체질적으로 싫어하고 알레르기가 있는 사람들은,
기독교를 불교나 천주교나 다른 종교로 치환해도 좋고,
바로 스킵해도 괜찮다.
수험생에게 믿고 의지할 종교가 있다는 건,
나쁘지 않다고 생각한다.
거기서 힘을 얻고 다음 한 발짝 뗄 힘을 얻는다면 말이다.

신분이 직장인 공시생이니만큼 잠 잘 시간도 부족하다.
종교에 빠져 지낼 시간조차 없었지만,
난 수영로 금요철야예배와 주일예배는,
몸살로 몸져누울 때를 제외하곤 꼭 참석했다.
주위에 믿고 의지할 만한 누군가가 있다면 모르지만,
그런 상황이 아니라면 종교는 수험생활에 도움이 된다.
노량진 학원가 근처 교회에는 새벽밥을 주는 곳도 있더라.
그냥 가면 된다. 조건 없이. 니가 누군지 묻지도 않는다.

요즘도 가끔 서울 생활에 방전되어 충전이 필요할 때,
금요일 저녁 비행기 타고 금요철야예배를 보러 내려간다.
수영로교회. 내 마음의 고향.
수험기간에도 빠지지 않았던 금요철야였다.
금요철야를 마치고 밤 12시가 넘어 집에 돌아가면,
그때부터 밀린 진도를 채우려 늦게까지 공부하느라,
금요일, 토요일은 종종 밤을 새우기도 했다.
수험기간 내내 토요일 밤을 새워 공부하면서도,

교회는 나의 유일한 숨 쉴 수 있는 공간이었다.

기댈 수 있는 걸 사람한테서 찾지 마라.
알잖아. 사람은 사랑하고 용서해야 할 대상이지,
기댈 존재가 아니라는 거.
상처는, 믿었던 사람, 기대었던 사람에게 받는다.
그래서 종교가 필요하다는 생각이 든다.

수영로교회 이규현 목사님의 말씀은,
현실적이고, 직설적이며, 도전적이다.
복잡했던 머리가 맑아지고,
다시 다음 주 일과 공부로 돌아갈 힘을 얻는다.
때로는 포근한 엄마처럼, 또는 든든한 아빠처럼,
수영로 칼럼은 늘 나에게 힘이 되었다.
그때그때마다 정말 주옥같은 말씀은,
끝이 보이지 않는 어두운 터널을 걸어갈 때,
나를 비춰준 내 발 앞의 등불이었다.
막막한 길에 등불처럼 힘이 되어준 주옥같은 글 중,
이규현 목사님의 동의를 얻어 몇 개만 소개한다.

벽은 넘기 위해 존재한다

벽은 두 세계를 가르는 경계선이다. 벽은 한계선이다. 마치 벽은 건널 수 없는 강과 같다. 화해를 거부하는 적과의 접경지역과도 같다.

어느 분야나 벽은 존재한다. 아무나 건너 뛸 수 없게 하는 한계선이 있다. 벽은 하나의 층만으로 존재하지 않는다. 벽은 한계를 설정해주는 엄연한 선 긋기다. 높이 세워진 벽은 불가침의 성역 같이 평범한 사람들의 침범을 좀처럼 허용하지 않는다. 장벽 앞에서 사람들은 한계를 느끼고 절망한다. 인생의 쓴맛은 대개 벽 앞에서 일어난다. 다가가고 싶지만 범접할 수 없는 세계가 벽 너머에 존재하고 있기 때문에 신비의 세계다.

벽은 가벼운 칸막이와는 다르다. 누구나 도전하고 싶어하지만 버티고 선 벽은 자존심이 센 난공불락이다. 벽의 존재는 높고 거칠고 험난하다. 가파른 벽을 넘다 실족사한 사람들이 한둘 아니다. 벽 앞에서 두려워하는 사람들은 도전보다 우회로를 찾는다. 가능한 쉽고 편리한 세상을 원한다.

벽의 실체 앞에 지레 겁을 먹는 사람들이 의외로 많다. 현실의 장벽 앞에 시도조차 해보지 못하고 좌절한 사람들이 많다. 한계에 부딪혀 자포자기의 경험이 쌓이다 보면 벽은 하나의 운명이 된다. 벽은 두꺼워 보이지만 무너질 수 있다. 거칠고 높은 산을 오르는 사람들에게 왜 그곳을 오르는가 물으면 "산이 거기 있었어"라고 말한다. 인간의 마음에 숨어있는 도전본능이다.

한계를 만나면 도전하고 싶은 마음이 들어야 한다. 한계의 벽은 깨기 위해 존재한다. 용기는 한계에 도전하기 위해 필요하다. 멀리서 보면 철옹성 같아 보여도 신화와 같이 꾸며진 것들이 많다. 작은 벽을 하나씩 통과하는 기쁨을 맛보다 보면 거대한 벽도 낮아진다. 작든 크든 벽을 허물어본 경험을 쌓다 보면 내공이 생긴다. 인생은 벽과의 거친 싸움이다. 한계에 도전할 것인가 아니면 포기할 것인가에 따라 삶은 달라진다. 한계도전에서 실패하면 지루한 상황의 포로가 된다.

상상력이 필요한 시대다. 상상력은 다른 세계를 넘보는 일이다. 한계를 뛰어넘는 상상력 훈련을 반복하지 않으면 안주의 늪에서 헤어나오지 못한다. 실제 하는 벽을 넘기 전에 상상력으로 먼저 넘어야 한다.
상상력의 힘이 자라면 전혀 다른 세계가 엿보인다. 상상력은 절망의 선 같던 장벽에 다른 세계로 넘어가게 하는 돌파구를 제공한다. 상상력의 날개를 달면 초월의 세계를 맛볼 수 있다. 생각의 자유로움은 삶의 지형을 바꾸어 놓는다. 사람들이 만들어 놓은 경계선을 허물어뜨리는 즐거움이 있다. 대개는 자신의 세계에 갇혀 빠져나오지 못한다. 상상력의 빈곤 때문이다.
상상력은 새로운 세상을 연다. 상상력은 경계가 없다. 상상력을 키우면 우물 안에서도 우주를 맛볼 수 있다.

상상력은 창조의 작업이다. 상상력은 현실의 벽에 저항한다. 전혀 다른 접근을 통해 벽을 넘어선다. 가장 큰 벽은 우리 안에 있다. 바로 고정관념이다. 사고의 경직성은 단 하나의 관점만 가지고 있다. 편견에 사로잡힌 외골수가 가장 높은 벽이다. 갇힌 사고에서 새어 나오는 곰팡이 냄새는 삶을 질식하게 만든다. 자신이 만든 궤변을 늘어놓으며 뒤로 도망할 퇴로를 만들기에 바쁘다. 벽을 깨려면 역발상이 중요하다. 세상을 뒤집어 보는 훈련이다. 의식의 괴짜주의다. 패배주의로 가득 찬 생각의 벽을 깨고 전혀 엉뚱한 답을 찾아보아야 한다. 불가능하다고 속삭이는 내부의 적을 소멸시켜야 한다. 생각을 바꾸면 장벽은 장애물이 아니라 새로운 세계를 여는 출입구다. 알고 보면 장벽은 생각보다 높지 않다. 다른 접근을 하면 의외로 간단한 답이 나온다. 나를 가로막고 있던 벽은 나를 자라게 한 도구다. 도전한 벽의 높이만큼 내가 자란다. 장애물을 뛰어넘은 사람에게는 장애물은 디딤목이다. 가로막고 있는 장벽 앞에서 퇴로나 우회로를 구하기보다 정공법이 최고다.

패배를 패배시키고 절망을 절망하게 해야 한다. 실패를 울게 해줄 호기를 가져야 한다. 믿음은 경계선을 넘게 하는 힘을 제공한다. 장애물을 넘어서는 순간 삶의 풍성한 보따리가 풀어진다. 편견의 두꺼운 벽을 깨면 밋밋한 삶을 청산하게 된다. 반드시 넘어야 할 벽, 그 경계선을 넘으면 끝을 알수 없는 넓디 넓은 초원이 열린다.

집중력이 관건이다

삶은 태도다. 태도에서 중요한 것은 집중력이다. 무엇인가를 이룬 곳에는 집중력이 있다. 태양열이 분산되면 선탠 정도로 끝나지만, 돋보기로 빛을 모으면 종이에 불이 붙는다. 레이저는 빛의 결집이다. 물의 집중력을 높인 물톱은 대리석마저 정교히 자른다. 집중력의 효력이다. 사자는 두 마리의 토끼를 동시에 잡을 수 없다. 아무리 대단한 힘을 가졌다 해도 분산된 힘은 쓸모가 없다. 집중력이 없는 힘은 무기력하고 어이없이 방전되고 만다.

살다 보면 나도 모르게 집중력이 흐려진다. 한 순간의 집중력은 누구에게나 있다. 문제는 집중력의 지속성이다. 엄밀히 이야기하면 실력은 집중력의 지속성에 달렸다. 집중력이 지속되면 가속이 붙게 된다. 그때 가공할 만한 파워가 나온다. 그런데 이게 쉬운 일이 아니다. 하루 이틀에 만들어질 수 있는 것이 아니다. 고도의 집중력을 유지하려면 마음의 전쟁을 치러야 한다. 격전지는 마음이다. 종종 수도사처럼 복잡한 마음을 가지런히 정렬해야 한다.

어느 방면이든지 고수들의 특징은 집중력이 탁월하다는 것이다. 주변에서 일어난 어떤 상황에도 요동하지 않고 갈 길을 걸어가는 내공이 쌓여 있다. 모든 일에서 승부사들은 집중력의 대가들이다. 지혜로운 농부는 시간만 나면 무디어진 낫을 예리하게 갈고 또 간다. 단 한 번의 휘두름으로 볏단이 쓰러지지 않으면 농부는 자기 힘에 의해 스스로 지쳐 쓰러진다는 것을 알고 있다.

힘만 자랑하는 것은 미련한 일이다. 힘만 키우려고 하기보다 집중력을 키워야 한다. 왜 빨리 지치고, 결과가 초라한지를 알려면 집중력 테스트를 해 보면 답이 나온다. 향방 없는, 허공을 치는 듯한 무모한 힘자랑은 만용에 불과하다. 한 그루의 거목에서 밀려오는 통찰은 묵묵히 뿌리내리고 있는 무서운 집중력이다.

집중력을 높이려면 선행되어야 하는 것이 있다. 우선 과도한 욕심을 없애야 한다. 너무 많은 일을 하려고 하면 집중력을 잃게 된다. 인생은 의욕이 없어 문제가 되기도 하지만, 의욕이 너무 넘쳐 망하는 경우도 있다. 철저히 절제된 힘이 집중력을 만들어 낸다.

과도한 욕망과 싸워 이기려면 정신적 면역 체계를 강화하는 훈련이 필요하다. 집중력을 흩트리는 다양하고 강렬한 유혹과 싸워 이겨야 한다. 별것 아닌 것 때문에 좋은 것을 놓칠 때가 많다. 좋은 것 때문에 위대한 것을 놓치는 안타까운 일들이 자주 일어난다. 오늘의 성공에 도취해 집중력을 잃어버리지 말아야 한다. 사람들로부터 쏟아지는 비난 때문에 집중력을 빼앗기지 않아야 한다.

중요한 것은 분명한 목표다. 영혼을 관통하는 목표를 가지고 있느냐의 여부는 집중력 싸움에 결정적인 요소가 된다. 쏘아야 할 과녁에서 눈을 떼면 안된다. 꿈과 생시가 구분이 안 될 정도로 강력한 목표를 가져야 한다. 달려가야 할 목표 지점에서 펄럭이고 있는 깃발에 눈을 고정해야 한다. 그리고 자신이 하고 있는 일에 즐거움이 있어야 집중력을 유지하게 된다.

오랫동안 자신의 일에 몰입하는 사람들의 특징은 그 일을 즐거워한다는 것이다. 즐기고 있다는 것은 집중하고 있다는 것과 같은 말이다. 그러나 너무 힘들면 의지의 줄을 더 이상 붙들고 있기가 힘든 순간을 맞게 된다. 인생은 짧다. 모든 것을 할 수도 없고, 다 하려고 해서도 안 된다.

집중력의 원리를 빨리 깨달을수록 좋다. 집중력이란 다름 아닌 몰입이다. 집중력이 강한 사람을 어떤 의미에서 광인이라고 부른다. 한마디로 미친 것이다.

하나에 모든것을 건 사람들, 미치게 하는 무엇인가를 본 사람들은 한눈을 팔지 않는다. 집중력이 쉬워 보이는 것 같아도 쉽지 않은 비밀이 여기에 있다. 집중력이란 무엇인가를 본 사람들에게서 일어난다. 미치게 만들고, 다른 것에 눈이 멀게 만들고, 그래서 결코 포기할 수 없게 만드는 것에서 집중력이 일어난다. 집중력은 내 의지적인 노력만으로 만들어지는 것은 아니다. 삶을 뒤흔드는 빛을 본 사람이 자기 자신도 멈출 수 없게 만드는 광기가 바로 집중력이다.

집중력은 피 끓는 열정이다. 집중력이 깊어지면 다른 것을 걱정할 겨를조차 없다. 자유가 온다. 기대해도 좋은 삶이 매일 다가온다. 지루할 순간이 없다. 미칠 것이 있는 사람은 행복하다. 삶이 지루해졌다면 지금 내가 하고 있는 일에 집중력을 좀 더 높여라. 한 시간 안에 별일이 다 일어나는 것이 인생이다.

시간의 연금술

스피드가 강조되는 곳에서는 가치를 따지지 않는다. 눈앞의 성과에 가치는 묻혀 버린다.
스피드를 강조하는 곳에서 가치는 값싼 가격흥정의 대상이 되고 만다. 속도에 내몰리면 자신의 영혼을 지켜내기 어렵다. 영혼 없는 삶은 망망대해에 길을 잃은 일엽편주와 같다.
시간에 쫓기면 영혼은 중심을 잃어버린다. 중심을 잃어버린 삶은 목적지가 없다. 당연히 공허함만 기다리고 있다. 일상에 쫓겨 허둥대다 보면 시간은 형체도 없이 깨어진 파도처럼 눈앞에서 사라진다. 잔인한 시간은 사람들을 벼랑 끝으로 몰아낸다. 위기는 시간의 피해자들에게 운명처럼 다가온다. 속도에 쫓기는 삶의 내면은 불안하다. 사람들은 기회를 놓치지 않기 위해 혈안이다. 전화기가 울리는 즉시 다급하게 받는다. 당장 받지 않으면 기회가 사라질지 모른다는 초조함 때문이다. 사람들은 막연한 불안함에 가위 눌린다. 허영심은 속도를 부추긴다. 빨리 해결하고, 더 멋진 것을 얻어내기 위해서 속도는 필요하다. 현대사회에서 속도는 곧 돈이고 권력이고 거부할 수 없는 우상이다. 사람들은 더 빠른 속도를 내기 위해 제단 위에 돈을 바친다.

인생은 시간여행이다. 아름다운 여행을 하려면 시간의 연금술사가 되어야 한다. 시간을 녹이고 시간의 질량을 높여 인생의 황금기가 오게 해야 한다. 고도의 집중력, 수없는 가지들을 쳐내는 단순화 작업이 맞물려야 한다.

시간을 어떻게 다루느냐에 따라 삶은 달라진다. 나는 개인적으로 매일 '좀 더 천천히'를 속으로 외치며 살아간다. 정신 줄을 놓고 가만히 있다 보면 시간은 한순간에 공중분해 된다. 거칠게 밀고 올 때는 인정사정 없다. 때로는 폭력적이다. 시간의 속도로부터 나를 지켜내려고 무진 애를 쓴다. 시간에 밀리면 나를 지켜낼 수 없다. 쫓기지 않아야 한다. 시간싸움에서 이겨내고 마진을 얻어내야 한다.

나를 지켜내려면 나만의 시간을 확보해야 한다. 해가 뜨고 지는 것을 알아차릴 수 없다면 이미 시간에 갇혀 살고 있다는 증거다. 내 영혼을 살찌우기 위한 노력이 없으면 영혼 없는 삶이 된다. 고요한 시간이 반드시 필요하다. 내 영혼이 어디쯤 있는지를 점검해야 한다. 달음질하지 않을 때 찾아오는 내면의 불안감을 이겨내야 한다. 기회가 지나간다고 초조해 할 것 없다. 나를 피해 스쳐가는 기회라면 내 것이 아니다. 진짜 그것이 나의 기회라면 발로 걷어차도 나에게로 와 안길 것이라는 자신감을 확보해야 한다. 수없이 울려대는 전화와 문자에 반응하지 않으면 큰일 날 것 같아도 그렇지 않다. 내가 모든 것을 다 하려고 하지 않아야 한다. 그것은 교만이고 허영이다. 박수를 쳐 준다고 내가 늘 거기 서 있어야 할 이유가 없다.

시간의 횡포는 교묘하게 밀고 들어온다. 조금씩 내가 알아차리지 못하는 가운데 침범해 들어온다. 나를 서두르게 만들고 정신을 빼앗아 가는대로 방치하면 영혼이 도둑맞는다. 수 많은 일들이 파도처럼 끊임없이 밀려온다. 피할 수 없는, 반드시 하지 않으면 안 되는 일인가를 확인하고 또 확인해야 한다. 내가 굳이 하지 않아도 될 곳이라면 사양하는 편이 좋다. 속도에 휘말리지 않으려면 날마다 자신을 모질게 다잡는 결단이 필요하다. 속도에 내몰린 사람의 저녁은 피곤하고 왠지 허망하다. 열심히 살긴 했지만 후회와 아쉬움으로 가득해진다. 쫓기는 삶을 산 사람에게는 다가오는 내일이 두렵다. 하지만 속도를 스스로 조절하며 속도 전쟁에서 자신을 지켜낸 사람의 밤은 기쁨이 있다. 정신없이 허둥대지 않은 하루의 삶은 알차다. 내일에 대한 기대감이 있다. 시간을 받아들이는 태도가 초조하지 않고 넉넉하다. 마진을 남긴 삶은 다소 밀려드는 일이 있어도 즉흥적으로 반응하지 않고 당황하지 않는다.

시간의 흐름에 박자를 맞추면 생동감 넘치는 삶이 가능해진다. 인생은 시간이다. 시간은 생명이다. 삶을 살찌우려면 시간을 살찌워야 한다. 시간을 굽고 녹이고 늘이는 연금술을 꿈꾼다. 인생의 기회는 오늘 주어진 하루를 잘 사는 것이다. 쫓기지않고 살아가는 오늘이 인생의 기회 중의 기회다.

진득함이 기적을 만든다

세상이 점점 경박스러워져 가는 모양새다. 감각적인 유행들이 시끄럽게 떠다닌다. 깊이 있는 주제들은 피한다. 진지해야 할 때 웃고 넘긴다. 밀란 쿤데라는 '참을 수 없는 존재의 가벼움'에서 가벼움에 매혹되어 가는 인간의 모습을 조명했다. 우리는 과거에 비해 화려해졌지만, 가벼워졌다. 재능도 많고 똑똑해졌는데 가볍다. 아는 것은 많은데 무게감이 없고 경박하다. 경박함에는 깊이가 없다. 가벼움은 불안정함이다. 바람에 나는 겨, 흔들리는 갈대에서 안정감은 찾을 수 없다.

사람들이 가벼워져 가는 것은 불안함 때문이다. 잠시도 가만히 있지 못하는 몸짓에는 조급증이 숨어있다. 가벼워진 시대일수록 천박하고 불안정한 사회다. 금방 좋아하다가 빨리 싫증을 낸다. 조변석개는 이런상황에 쓰는 말이다. 대화는 하는데 깊이가 없다. 경박한 사고는 사색이 없다. 책 읽은 이야기보다 인터넷에 떠도는 연예인들의 신변잡기에 더 흥미를 가진다. 인터넷 뉴스의 대부분은, 알아도 그만 몰라도 그만인 것들이다. 시중에 나오는 책들은 이전보다 얇아졌다. 사람들이 두꺼운 책은 읽지 않으려 하는 시류인지, 글을 쓰는 사람들이 가벼워진 것인지 알 수 없다. 가벼워진 세상을 경계해야 한다. 표피적이고 감각적인 세상은 늘 들떠 있다. 그런 곳에는 기대할 만한 일이 일어나지 않는다.

삶의 깊이는 진득함에서 만들어진다. 글은 엉덩이로 쓴다. 엉덩이의 힘이 일을 해낸다. 엉덩이 힘은 버티는 힘이다. 시간을 끌고 가는 힘이 엉덩이에서 나온다. 작품은 장인의 손이 만들어 내는 것이 아니라 진득하게 버텨낸 엉덩이의 위력이다. 진득함이란 삶의 태도다. 길고 긴 지루함을 이겨낸 내공이 진득함이다. 모든 아름다움은 진득함이 만든다. 습기 찬 대지는 진득하다. 모든 나무를 품어 꽃을 피우고 열매를 맺게 한다. 뿌리를 내리고 그 자리를 지키고 서 있는 나무의 모습에서 시간을 지긋이 뭉개는 진득함을 본다. 거목은 눈물겹도록 자기 자리를 버텨낸 진득함의 결정체다. 앙상한 나뭇가지 끝에서 뒤까불게 오르내리는 참새의 촐랑거림은 가벼움을 말한다. 하지만 알을 가슴에 품은 암탉의 모습에는 진득함이 묻어있다. 오랫동안 삭이는 과정이 없으면 깊은 세계로 나갈 수 없다.

무엇이든 시간이 필요하다. 불 같은 사랑은 겉으로는 좋아 보일지라도 위험한 일이다. 불은 언젠가 꺼지기 마련이다. 화끈한 사랑보다 진득한 사랑이 더 좋다. 싫다고 금방 내치지 않고 좋다고 호들갑 떨지 않는 진득함이 그리워지는 세상이다. 뜨거움이 없어도 진득함으로 은근히 품을 줄 아는 것이 더 위대한 사랑이다. 삶을 딛고 미래로 가는 힘은 엉덩이에 있다. 머리보다 엉덩이가 세다. 아무리 똑똑해도 엉덩이가 받쳐주지 않으면 소용없다. 영특하고 잔재주가 많은 것보다 다소 미련해도 진득한 우직함이 미래를 연다. 청춘이 배워야 할 것은 우직스러움이다. 너무 빠른 계산은 인생을 바람처럼 종잡을 수 없게 만든다. 엉덩이가 가벼우면 삶이 가벼워진다. 엉덩이가 가벼우면 생각 역시 경박해진다. 역사를 움직인 에너지는 촐랑거림이 아닌 무서울 정도의 진득함에서 나온다. 엉덩이는 지구력이다. 끝을 보려는 투지는 지구력 싸움이다. 창의력도 엉덩이에서 나온다. 지겨울 정도로 오랜 시간의 끝에서 한 순간 터져 나오는 번뜩임이 세상을 놀라게 한다.

가벼움을 부채질하는 문화 속에 살고 있다. 먼지처럼 나풀거리는 인생은 불안정하다. 종잡을 수 없는 인생을 사는 사람들이 많다. 바람이 부는 대로 흔들거린다. 봄바람에 살랑대는 처녀의 마음은 어디에 당도할지 모른다. 누구나 지켜야 할 자기 자리가 있다. 시간의 연금술은 다름 아닌 진득한 자리지킴이다. 진득함은 종종 미련함과 비슷하게 취급 당하지만 위대함의 뒷면에는 진득함이라는 이름이 새겨져 있을 것이다. 진득함이 기적을 만든다. 얼음 위에서 알을 품는 펭귄의 모습을 본 일이 있다. 그 품었던 알에서 생명이 탄생하는 신비를 볼때 경이로움의 탄성이 나온다. 속지 않아야한다. 가벼운 시대에서 졸속으로 만들어낸 거짓된 성공신화를 거부해야 한다. 삶의 무게와 깊이를 위해 참을 수 없는 존재의 가벼움에서 날마다 멀어져야 한다. 그 가벼움과 치열하게 싸워야 한다.

Q5 관운이라는 게 진짜 있는 건가요?
A5 미래가 불안한 그대 - 점치는 사람들.

운? 그런 거 없다. 처음부터 끝까지 실력이다.
합격생들은 누군가,
"대~단하세요. 어떻게 그 어려운 공무원시험에 합격하셨어요?"라고 물으면 대부분,
"운이 좋았습니다."라고 대답한다.
겸손의 표현이다. 운은 개뿔. 실력이다.
니가 아는 문제가 시험에 나온 거다.
운칠기삼이라는 말이 있다. 운 70%에 실력 30%.
운이 70%라고는 해도,
실력 30%는 결국 니 모든 능력을 동원해서 채워야 한다.
그 30%가 완전히 차야 나머지 운 70%가 작용하는 거다.
그것은 운이 1%든 99%든 변치 않는 진리다.

한 해 한 해 실패가 쌓인 장수생들 가운데는,
손금이나 점을 보러 다니는 사람들이 있다.
점쟁이들은 그들의 과거를 기가 막히게 맞춘다고 한다.
그야말로 용하다는 거다. 그거, 통계학이다.
근데, 점쟁이들조차 미래는 도통 맞히기 힘들다 한다.
손금도 미래 손금은 변하는 거라 알 수 없다 한다.
여러분 중에 혹시 점 보러 다니는 사람들 있나?
점쟁이, 손금쟁이보다 니 과거는 니가 더 잘 알고 있고,
니 미래는 점쟁이가 아니라 니가 만들어 가는 거다.

내가 공무원 준비한다니까 주변에 이런 사람들이 있더라.

점 한번 보라고, 용~한 데 있다고.
사주에 관운이 있으면 되는 거고, 없으면 안 되는 거라고.
뭔 말이고?
남들은 바보라서 노량진에서 죽어라 2~3년씩 공부하나?
붙는 사람보다 떨어지는 사람이 더 많은 게 9급 시험이다.
사주에 관운이 있으면,
별다른 노력 없이도 덜컥 9급 공채에 합격할 수 있다고 생각하나?
사주에 관운이 없으면,
아무리 노력해도 불합격이고?

점쟁이의 대답은 둘 중 하나다.
합격한다는 말을 들으면 기분은 좋겠지만, 잠시뿐이다.
점쟁이 아니라도 나 합격하라고 응원해주는 사람 많다.
그것 역시 잠시뿐이다.
점쟁이가 된다고 말해서,
옆에서 응원한다고 해서 합격하는 게 아니다.
내가 죽을 힘을 다해 공부해야 이룰 수 있는 거다.

혹시라도 안 된다고 하면, 그 말이 내 발목을 잡고,
언제나 신경에 거슬린다.
그리고 그 말은 니 잠재의식 속에 남아,
나중에 니가 불합격할 때 자기변명의 빌미가 된다.
"그래, 점쟁이도 안 된다고 했어." 하면서.

인간의 잠재의식은 무섭다.
너의 무의식의 방향대로 니 인생이 흘러가게 되어 있다.
우리 의식은 단위시간당 40개의 정보를 받아들이고,

무의식은 단위시간당 1,100만개의 정보를 받아들인다.
결국 너를 지배하는 건 무의식이다.
점쟁이한테든, 너의 합격을 가로 막는 그 어떤 사람에게든,
부정적인 말을 하는 사람에게는,
너의 잠재의식조차 그 틈을 주지 마라.

내가 왜 비싼 돈 주고 남 말에 신경 쓰며 살아야 하나?
긍정, 초긍정의 말을 들어도 불안하고 초조하다.
이 싸움은 심리와 머리와 체력,
그리고 자기관리가 함께 가는 고도의 싸움이다.
심리전에서 지면 그냥 지는 거다.

남의 말에 놀아나는 인생 되지 마라.
마음의 안정이라도 찾고 싶은가?
손금, 점 보러 다닐 돈으로 맛난 거 사먹고,
잠이나 푹 자면서 니 건강을 챙겨라.
점쟁이들도 결국 확률 게임으로 먹고 사는 직장인이다.

니가 노력해서 이룰 수 있는 일에 대해선,
점쟁이 찾아갈 시간에 잘 먹고 잘 자라.
훗날 결혼하고 배 속 아이가 아들인지 딸인지 궁금할 때,
훗날 니가 노력해도 안 되는 그런 일이 있을 때,
그때는 니가 점을 보든 뭘 하든 내 알 바 아니다.
그러나 수험기간은 절대 비추다.
니도 모르는 니 인생을 점 따위에 맡기지 마라.
다시 한 번 말하지만, 니 과거는 니가 제일 잘 알고,
공무원 합격이라는 미래는 니가 만들어가는 거다.

Q6 아프니까 청춘이다?
A6 니 아픔은 다이아몬드다.
보석은 진흙 속에 있어도 보석이다.

요즘 사람들은 멘탈이 약하다고 한다.
시험은 멘탈이 강한 사람이 붙는다.
공부 다~ 해놓고, 막판에 멘탈이 약해서 결국엔 무너진다.

부모님은 자식들을 금이야 옥이야 키운다고들 한다.
우리는 모두 금쪽같이 귀하게 태어났다.
근데 막상 머리 크고 세상을 보니,
누군 마이너스수저, 무수저, 흙수저고, 누군 금수저다.
근데, 과연 보이는 게 다일까?

니가 금이고, 다이아몬드고, 니 속에 보물이 있다.
다만 정제되지 않고, 다듬어지지 않았을 뿐.
그걸 어떻게 다듬어 나가느냐에 따라 가치가 결정된다.
금수저인 다른 사람을 보고,
스스로 마이너스수저, 무수저, 흙수저라고 탄식한다.
물론 나 역시 현실은 그랬다. 금수저, 부럽다. 부러워했다.
그러나 부러워하면서도 난 내 할 일을 했다.
내 속의 금을 제련하고, 내 다이아몬드를 커트해서,
나만의 보석을 만들기로 한 거다.
제련하지 않고는 금의 가치를 알 수 없고,
다이아몬드를 커트하지 않고는 작품이 나올 수 없다.
해보지도 않고 남의 다이아몬드만 부러워하지 마라.
어떤 작품이 나올 줄 알고? 니가 어떤 보물인데.

다이아몬드는 변하지 않는다.
작은 빛에도 늘 반짝거린다.
원석은 다듬기에 달려 있다.
커트하면? 아프다. 공짜 없다.
신은 딱 내가 감당할 만큼의 고통만 준다 했던가.
아닌 것 같다. 거짓말이다, 그건.
내 고통은 늘 나에겐 버겁다.
좀 살 것 같으면 어김없이 추락하고 쓰러지는 때가 온다.
많은 사람들이 이 고통에서 벗어나지 못하고,
자폭하든지 포기한다.
왜 나만 이렇게 힘든가 한탄하면서.

아픔, 상처, 고통은 위로로 해결되지 않는다.
시간이 지나도 나아지지 않고,
오히려 시간이 지날수록 더 짙어지고 사무칠 수도 있다.
그런 고통은 그냥 해결할 수 없는 거다.
남의 아픔과 비교하지도 마라.
남의 고통은 작고, 내 고통은 크게 보일 뿐.
나에게 고통을 준 무언가를 용서하지 마라.
용서하라고 함부로 말하지도 마라.
그리고 복수하지도 마라. 그러면 독기가 생긴다.
그건 어마어마한 에너지다.
너의 그 소중한 에너지를 너의 목표를 이루는 데 써라.
어정쩡한 위로 같지도 않은 위로는 기대도 하지 마라.
그냥 그대로 독기를 품고 가라.
그 독기를 니 삶에 로켓으로 삼고,
그냥 니는 니 인생에 로켓을 달고 날아가라.

과거와 같은 삶을 살지 않겠다고 다짐하면서,
그 굴레를 탈출해라.
상황이 어떻든 도전이라는 건 늘,
현재의 굴레를 벗어나기 위해 하는 것이니까.

한길샘 카페에 올린 내 합격수기의 대다수 댓글의 요지는,
"자극 받고 갑니다. 다시 한번 의지 다지고 갑니다."이다.
초반, 공시생들의 대기권 돌파를 위한 노력에도 불구하고,
대부분은 대기권과의 충돌로 폭파하든 고꾸라지든 한다.
공시 포기자들이 늘어갈 수밖에 없다.
이는 냉정하게 말해서 학원, 강사 배 불리는 일이다.
공부는 니가 하는 거고, 니가 대기권 밖으로만 나간다면,
내가 할 일, 이 책의 역할은 끝났다고 본다.
대기권을 뚫고 나가면 그때부터는 니 혼자 날아간다.
공시는 처음부터 끝까지 이렇게 멘탈 싸움이다.

니가 합격하여 어느 직렬 공무원이 되든,
공직현장에서 다양한 사람들을 만나게 될 것이다.
물론 가진 사람들도 있을 테지만,
가난하고, 빼앗기고, 막다른 골목에 있거나,
의지할 곳 없어 누구에게라도 손을 내밀어야 하거나,
너의, 국가의 도움을 필요로 하는 사람들도 만날 수 있다.
사람은 자기가 보고 듣고 느낀, 자신이 겪은 것만큼 안다.
니가 겪은 아픔의 깊이가 깊고, 넓이가 넓을수록,
민원인을 폭넓게 이해하고, 적극적으로 응대할 수 있다.
그 사람의 요구를 넘어 마음까지 읽을 수 있게 된다.
그건 지침을 통해서 알게 되는 것이 아니다.

이런 게 고통을 참아내며 커트한 니 다이아몬드의 가치다.

너의 어떤 상처나 아픔도 쓰임받을 때가 올 거다.
니가 있는 자리에서 니가 할 수 있는 최선을 다하고,
너의 다이아몬드를 커트해라. 니 인생을 가꿔라.

Q7   **죽고 싶어요. 절망입니다.**
A7   **도망치고 싶은 거다.**
       도망치고 싶을 땐 잠시 도망쳐라. 살아만 있어라.

몇 년간 도전해왔던 9급 공시에서 0.01점 차로 떨어지고,
옥상에서 멍하니 하늘을 바라보다 눈물이 주르륵 흐른다는 글을 봤다.
그깟 9급 공시가 사람 잡냐고?
모든 걸 걸었고, 그 모든 걸 잃었을 때 느끼는 감정의 끝.
겪어보지 않으면 모른다. 자기 자신 외에는.
하~ 눈물 난다. 하지만, 그 어떤 말도 위로가 될 수 없다.
난 위로 같은 거 못 한다. 아니 안 한다. 냉정한가?
자식한테 심장이라도 내어주고 싶은 부모라도,
이건 어쩔 수 없이 스스로 이겨내고 다스려야 할,
오롯이 자신만의 숙제다.

이러나저러나 한 번 태어나고, 한 번 죽는다.
죽고 싶단 생각 한 번이라도 안 해본 사람 누가 있겠노?
최소한 이 책을 든 니들 수만큼은 될 거다.
난 힘들 때 남의 어려운 이야기를 영혼 없이 읽었다.
누구나 모양은 다 다르지만, 각자의 사연이 있다.
내 이야기를 좀 하자면, 세월이 좀 흐른 일이기는 해도,

나 역시 잠시나마 살고 싶지 않았던 적이 있었다.
그냥 맘 편하게 인생 살아온 거 아니다.
뭐 대단한 건 아니라도, 니들처럼 고민도 했고,
방황하며 살아온 삶의 흔적이 있었다.
내 이야기가 너무 많나?
그냥 니도 영혼 없이 내 이야기를 읽고 지나가라.

내가 부모님을 잃었을 때 내 나이 5살. 사고였다.
아이에게 부모는 우주이고 전부.
할머니 밑에서, 교육, 의료, 의식주,
풍족하진 않지만 부족하지도 않게, 안전하게 자랐다.
그런데 그 안전은 나의 외적인 환경이었지,
정작 나는 내 내면과 치열하게 싸웠다. 멘탈 싸움.
그리움, 부모님에 대한 텅 빈 그리움.

사춘기 학창시절, 난 왜 살아야 하는지 몰랐다.
숨이 붙어 있으니까 살았지, 부모님이 너무 보고 싶었다.
난 거대한 우주에 홀로 남겨진 미아 같았다.
특별히 걱정할 거리 없이 잘 먹고 잘 컸다.
그러나 부모님에 대한 그리움으로 절망했던 거다.
그래서 빠져든 게 학교 독서반.
학교 도서관에 처박혀 주야장천 책만 읽었다.
내면의 치열한 싸움을 멈출 유일한 탈출구였다.
책은 꿈을 꾸게 했다. 시간여행도 가능하고.
그냥 책을 읽다 보면 나 자신은 사라지고,
나는 그냥 거대한 우주의 한 조각 먼지처럼 느껴졌다.
지나고 보면 늘~ 아~무 것도 아니다.

나 자신을 경영하는 전문경영인

근데, 그때 나는 살아야 할 이유를 찾고 싶었다.
그걸 찾지 못하면서 책으로 도망간 거다.

답? 없다.
당장 답을 얻으려 하지 마라. 그냥 살아라.
왜 살아야 하는지 이유를 몰라도,
그냥 숨이 붙어 있으면 그대로 살아라.
답을 얻지 못한다 해도.
어느 순간 그렇게 그렇게 살다 보면,
니가 왜 살아야 하는지 이유를 모른 채로 살았던,
바로 그 삶의 이유를 깨닫게 되는 날이 반드시 온다.
나는 작가도 아니고 현직 공무원이지만,
일을 하면서도 주말 밤을 새워,
이렇게 짧지 않은 이야기를 엮을 수 있는 건 아마도,
방황하면서 책이라도 읽었던 그 힘이 아닐까 생각한다.
모든 방황의 시간들, 의미 없어 보이는 시간들,
모두 나에게 피가 되고 살이 된다.
그 의미를 깨닫는 데 시간이 좀 걸리더라도.

앞서 말한 것처럼 우리가 겪는 대부분의 고통은,
자신의 현재 상황과 내적 고통에 기인하는 경우가 많고,
다른 한편으론 사람으로 인한 경우도 있다.
니가 지금 어떤 어려움을 겪든, 분명 원인 제공자가 있다.
당연히 원망하는 마음 든다. 안 들면 사람 아니다.
용서 못 할 사람? 있다.
그런데 사람이 뭐냐?
내가 원수에게 복수를 할지,

나의 소중한 시간과 에너지를 스스로 일어서는 데 쓸지,
주체적으로 선택할 수 있는 존재, 그게 사람이다.
내가 복수를 해서 그 원수들 인생도 망치게 했다 치자.
속은 시원할 거다. 근데, 거기서 끝이다.
복수는 또 다른 복수를 낳는다고 하지 않던가?
그래서 난 내 할 일을 하기로 결단했다.
그렇게 칼을 버리고 펜을 들었다.

맨땅에 헤딩했다.
죽을 이유도, 죽을 여유도 없다.
지금, 누굴 탓하고 원망할 시간이 없다.
내 앞가림만 하기에도 빠듯하다.
계약직으로서 정규직과의 차별, 구겨지는 자존심,
단 하나, 잘릴 걱정 없는 내 자리를 잡고 싶었다.
정규직 직원이 되고 싶었다.
계약직으로 일하면서 공사공단시험에 수차례 도전했다.
계약직을 벗어나기 위한 몸부림.
결국 나이 38에 모든 정규직 공사공단시험에서 영혼까지 탈탈 털린 채 최종 면탈.
내 실력 부족이다. 희망이 사라졌다.
그 나락 끝에서 선택한 마지막 길.
직장인 공시생이 되기로 했다.
누군가에겐 그깟 9급 공무원 공채라도,
나이 40 다 되어가는 계약직에겐 큰 산이고 도전이었다.
두려웠다. 근데, 다른 선택이 없었다.
정면돌파.

한길샘 만난 후 알게 된 '전한길 쓴소리' 유튜브 동영상.
나보고 지영이는 독한 여자라고 했는데,
전한길, 이 강사는 나보다 더 독한 것 같다.
끝 모를 밑바닥에서 일어나 정상에 이른 노량진 전설.
학생 한 명 한 명의 인생을 일으키는 에너지가 있는 샘.
쓴소리, 기분 되~게 나쁘다.
근데, 또 찾아서 보게 된다.
오기가 생기더라. 오기로 다짐에 다짐을 했다.
'난 합격해서 사표 던지고 나갈 거다.'
그렇게 하루하루를 버텼다.
원수는 잊고 은혜는 갚는다는 독한 마음을 품고.

내가 죽을 힘을 다해 내 성취를 이루면,
남들이 어떻게 살든, 비교할 의미도 가치도 없다.
왜? 소중한 건 내 인생이지 남의 인생이 아니니까.

한센병이라고, 코끝이 잘려나가고, 발가락이 잘려나가도 통증을 못 느끼는 병이 있다.
고통을 못 느끼는 것만큼 무서운 병이 또 어디 있을까?
아픔은 살아있는 자만이 누리는 특권이다.

바닥을 찍었나? 죽고 싶다는 생각이 드나?
기회다.
니 처절함, 비참함, 절박함이 너의 엔진이고 무기다.
바닥이다 싶을 때, 이때가 올라갈 때다.
내 할 일은 니 엔진에 불을 붙이는 것뿐.
죽을 만큼 모든 걸 걸고 했는데도 안 되면, 찾아오나.

『밥 잘 사주는 '예쁜' 누나』는 아니어도,
그냥 밥 잘 사주는 누나, 언니로서 밥 한 끼 사줄 테니까.
사람은 밥 한 끼 먹을 힘만 있으면 살 수 있다.
근데, 니 이야기 들어보고 죽을 만큼 안 한 것 같으면,
그 밥 한 끼도 없다.
욕이나 배부를 만큼 먹게 되겠지.

05 인간관계관리

1년간은 그냥 난 죽었다~ 생각하라고 주위에 말해라.
1년 뒤 합격증 목에 걸고 부활할 거라고 해라.
그때까지 니 곁에 남아 있는 사람이 진짜 니 사람이다.
선택적 관계단절. 복잡한 거 없다.
1년간 핸드폰 통화기능을 꺼놓으면 된다.
첨엔 너의 인간관계에 폭풍이 몰아칠 거다.

지금 이 순간 니 인생에 너의 합격보다 중요한 건 없다.
니 친구 결혼식보다 니 공무원합격이 더 중요하다.
니가 합격하는 순간 수많은 인간관계 문제는 해결된다.
합격 이후의 인간관계는 새로운 개편이 일어날 거고,
또, 자연스럽게 정리된다.
버림받을 것도, 외로워질 것도 두려워 마라.
외로움은 너의 가장 강력한 무기라고 말하지 않던가.

너의 시간과 에너지는 오롯이 1년간 공부에만 쏟아라.
미리 협조를 구해라. 1년 뒤 합격해서 보자고.
친구든, 지인이든, 연인이든,
니 시간과 에너지를 투자해야 하는 사람들과는 합격한 후 다시 연락해라.
너의 몸은 하나고, 너에게 주어진 시간은 단 1년이며,
너의 체력은 일하면서 공부하기에도 절대적으로 벅차다.
나 역시 내 핸드폰이 끊기는 순간,

그동안 연락하던 사람들, 별소리를 다 했다.
2가지 반응이 나타날 거다.
그깟 9급 공무원이 뭐라고 친구 관계를 끊느냐고,
니가 그런다고 합격할 거 같냐고,
니가 잘 되는지 두고 보자는 쪽.
다른 하나는, 너를 믿고 기다려 주는 쪽.

수험시간의 결과는 단순히 공부에서만 나타나지 않는다.
니 인생에서 계속 관계를 유지할 사람,
너의 성취를 진정으로 바라고 축하해줄 사람과,
너의 성공에는 별 관심이 없는 사람,
심지어는 은근히 바라지 않는 피상적인 관계의 사람을,
니가 체로 걸러내는 시간이 될 거다.
1년 뒤 합격하고 보자고 문자로 보내라.
협조해 달라고, 꼭 합격해서 연락하겠다고.
난 약속을 지켰다.
협조 문자를 보내고 정확히 1년 뒤,
날 믿고 기다려 준 지인들에게 합격 소식을 전했고,
합격 턱으로 밥도 샀다.

너의 선택적 관계단절을 통해서,
니가 평생 같이할 사람들이 걸러지게 된다.
1년간 니가 아무 연락 없어도,
그런 너를 이해해 주고 진정으로 기다려 준다면,
그 사람은 평생 니 편이다.
만일 니 성공을 기뻐해 주지 않거나,
더 높은 곳으로 날아가려고 할 때 발목을 붙잡는,

니 영혼을 갉아먹는 불편한 관계라면 과감히 정리해라.
공시에 도전하면서도 좋은 인간관계로 인정받고 싶은가?
내가 인정받는 건 합격 이후로 미뤄도 충분하다.

오랫동안 꿈을 그리는 사람은

그 꿈을 닮아 간다.

-앙드레 말로-

Q 스마트폰을 어찌할까요?
A **스마트폰을 버려라. 1년간만. 안 죽는다.**
   폴더폰. 통화기능 끄고 문자메시지 기능만 남기기.

1년간 스마트폰은 버려야 된다. 대가 없는 열매는 없다.
스마트폰 없애기 전에는, 이것 없으면 죽을 것 같다.
근데, 스마트폰 없어도 안 죽는다.
니가 지금 자발적으로 죽기를 선택하지 않으면,
개고생해서 공부하고도 시험에 떨어져서,
진짜 죽고 싶은 기분을 느끼는 날이 오게 될 거다.

다 걸고 해야 한다는 말이 이 말이다.
이순신 선배님이 한 말.
그까짓 스마트폰 하나도 포기하지 못하면서,
하루 10시간 일하면서 공시합격?
할 거 다~ 하고도 합격했다면, 진짜 날 찾아온나.
내 시원하게 인정해주마.

그런데, 꿈도 꾸지 마라. 그럴 가능성 제로라는 게 팩트다.

내가 이렇게까지 말하는 이유는,
스마트폰은 니들의 집중력을 산산이 분산시킬 수 있는,
수많은 경우의 수를 담은 아주 무서운 물건이기 때문이다.
니들은 스마트폰을 이길 재간이 없다.
왜? 스마트폰은 전세계 천재들이 만든 작품이거든.
카톡으로 맺어진 인간관계를 못 끊어서,
또는 인간관계가 끊어질까 두려워서 스마트폰 못 버린다.
스마트폰은 너의 시간뿐 아니라 집중력을 앗아간다.
너의 시간을 잡아먹으면서 돈을 버는 게 스마트폰이다.
'까똑' 소리에 신경이 쓰이는 것조차 에너지 낭비.
그 시간에 잠을 한숨 더 자고, 단어를 한 자 더 봐라.
매일 폰 들여다보며 카톡하는 시간,
그 버려지는 자투리 시간 10분이면,
모의고사 최소 5문제를 풀 수 있는 시간.
5 × 300 = 1,500. 1년에 1,500문제를 풀 시간.
어느 과목이든 이것만 하면 기본 70점이 가능한 시간이다.

난 폴더폰을 쓰면서도 이게 집중력을 뺏는다 생각했다.
그냥, 핸드폰을 없애버릴까도 생각했다.
내 집중력을 흩뜨리는 그 어떤 것도 용납하기 싫었다.
폴더폰 통화기능 끄고, 응급시 문자만 받도록 했다.
인터넷 강의 접수, 공무원 원서 접수 등은 문자로 연락이 오기에,
문자기능은 남겨놨던 거다.
니가 오로지 니 자신만을 챙겨도 되는 상황이라면,
차라리 핸드폰을 그냥 없애라고 하고 싶지만.

요즘은 공짜로 살 수 있는 폴더폰도 있다. 알뜰폰 같은 거.
기본요금 월 5천원 아래도 많다.

쓸데없이 스마트폰으로 인터넷 뒤적거리는 순간,
너의 유한한 시간은 공중분해 된다.
공시 1년은 그냥 진공상태다.
세상과 소통은 1년 뒤 합격하고 다시 시작해도 늦지 않다.
1년 동안은 자신이 선택한 강사와만 소통하는 것으로.

▲ 수험기간 사용한 폴더폰

episode 대통령님과 만남

한 템포 쉬어가자.
잔소리도 쉬어야 제맛이지.
설마 내가 9급 합격했다고 대통령님이 만나주실 리는 없고.
우연한 만남이었다.
정확히 말하자면 예비 대통령님과의 만남이었다.

2016년 서울시 공무원 합격 후 처음 맞는 설 연휴 끝날.
친정에 들렀다가 서울로 돌아가는 비행기를 타려고 김해공항에 갔다.

비행기가 멀~리 있어서 공항버스를 타야 한다나?
게다가 공항은 또 공사중이라나?
아무튼 계단을 오르락내리락했다.
무거운 캐리어를 들고 다니느라 짜증이 잔뜩 난 채로,
대한항공 이코노미석 대기줄에 서서 한참을 기다렸다.

늦을까봐 세수도 안 하고 양치만 하고 달려왔는데,
대기줄 바로 내 옆에 함께 서서 탑승을 기다리던,
머리 희끗희끗한 남자분이 자꾸 나를 쳐다본다.
내 얼굴에 뭐가 묻었나? 되게 신경 쓰인다.
아! 세수를 안 하고 나왔지! ㅠㅠㅠㅠㅠ

나는 예나 지금이나, 길을 가든 어디를 가든,
모르는 사람과는 눈을 마주치지도 얘기를 나누지도 않는다.
그냥 쭉 내 길을 가는 스타일. 나만의 치한 대처법이다.

그런데 이 양반이 자꾸 나를 쳐다보면서,
옆에 서 있는 일행과 이야기를 나눈다.
"요즘은 사람들이 나를 못 알아보는 것 같다."
난 속으로 '누구지? 연예인인가?' 생각하며 0.1초 힐끗 쳐다봤다.
말끔하고 얼굴에 광채가 나는, 잘생긴 중년 남자분이다.
내가 아는 연예인은 아닌데…, 하며 다시 고개를 돌렸다.

우~ 씨.
공항은 왜 맨날 공사에다,
그 흔한 에스컬레이터도 없고,
계단은 또 왜 이렇게 많은 거야?
속으로 툴툴대고 있는데,
아까의 멋있게 생긴 그분께서 또 내 쪽을 보면서,
옆의 동료분과 이야기를 나눈다. 바로 옆이라 크게 들렸다.
"사람들이 나를 보고도 닮은 사람이라고 생각하는갑다."
나는 또 힐끗 쳐다봤다. 누구지?
다시 봐도 내가 아는 연예인은 아니다.
난 다시 고개를 돌렸다.

"나를 보고도 긴가~민가 하는갑다." 또 그런다. 옆에서.
왜 자꾸 옆에서 구시렁대지?
안 그래도 짐은 무겁고, 한참 계단 오르내려서 짜증 나는데.
좀 조용히 대기하지? 유명한 연예인도 아닌 것 같구만?
"내가 수행원이 없어 그런가 보다."
옆에 일행이랑 계속 내 쪽을 보면서 이야기한다.
난 또 고개를 돌리고 보았다. 내 얼굴에 뭐가 묻었나?
왜 자꾸 나를 쳐다보는 거야?
그것도 내가 모르는 사람이. 아~ 불편하네.

아무리 내가 세수 안 한 쌩얼도 미인이기로서니,
너무 노골적으로 쳐다보면 그건 좀 아니지 않나?
좀 안쳐다 봐줬으면 좋겠는데. (으이구~ 이놈의 공주병!)
세수도 안 한 얼굴을, 그것도 내가 모르는 남자 둘이 자꾸 쳐다보니,
이제는 민망해지기 시작했다.
난 계속 사람이 없는 쪽으로 시선을 돌리고, 못 본 척했다.
그분은 내 옆에서 계속 나를 보고 눈을 맞추려 했고.

아~ 쫌 조용히 좀 가시지…, 중얼거리며 고개를 돌렸는데,
처음으로 눈이 마주치자 그분이 나를 보고 활짝 웃는다.
음…, 어디서 본 얼굴인 것 같기는 한데….
누구지 이분은? 어디서 봤지? 신문에서 봤나?
얼굴은 낯이 익은데, 이름이 떠오르지 않는다.
"어~ 저기 혹시…," 하며 나도 말을 떼었다.
'우리 어디서 뵌 적이 있었나요?' 하며 말을 이으려는 순간,
기다렸다는 듯이 그분이,
"그래~ 나예요. 나, 문재인이에요." 하며 활짝 웃는다.
허걱! 그분이셨군요.
새해 첫날, 점퍼를 걸친 수수한 모습으로,
공항 공사 중이라 불편했을 계단을 오르내리며,
동료 한 분과 단출하게 특별대우 없이 이코노미석 타려고,
장시간 서서 기다리고 계셨던 것.

2017년 대통령 되실 분의 음력 새해 첫걸음이었는데,
바로 옆에 서 있는 여자는 자기를 알아보기는커녕 눈길조차 주지 않는다.
아무리 눈을 맞추려 해도 치한 보듯이 슬슬 피하기만 하고.
코미디다. ㅋㅋ
그렇게 힌트를 줘도 알아차리지를 못하니, 오죽 답답했을까?

참고로 우리 집엔 TV가 없다. 정치에는 더더욱 관심이 없다.
그냥 재미가 없다. 용어도 어렵다.

환하게 웃어 주셨고, 사진 한 장 부탁드렸더니,
"진영아, 오늘은 니가 사진기사 해라."며,
옆 동료분에게 사진을 찍어 달라고 요청하셨다.
내 핸드폰을 진영님이라는 분께 건네드렸고,
진영님께서 나와 문재인 예비대통령님의 사진을 찍어 주셨다.

▲ 대통령님과 함께 김해공항에서

문재인 예비대통령님께서 옆 동료분을 가리키며,
이 친구는 누군지 아느냐고 나에게 물으셨다.
속으로 '헐~ 제가 어떻게 아나요? ㅠㅠ'
"진영이 아이가." 하셨다. 누구신지?? 이분이??
전 보건복지부 장관이라 하셨다.
"아~ 반갑습니다."라고 인사드리면서,
저는 현직 서울시 사회복지 공무원이라고 말씀드렸다.
진영 전 장관님께서도 나보다 본인의 팔이 더 길다며,
비행기 안에서 직접 셀카를 찍어 주기도 하셨다.

그렇게 사진도 찍고 짧게나마 대화도 나눴던,
화기애애하고 훈훈한 만남이었다.

내가 만난 예비대통령님은 자신을 낮출 줄 아는 분이셨다.
내가 누구라고 애써 잘난 척도 하지 않으셨다.
앞으로 이분은 다시는 이코노미석을 탈 이유가 없는 분이다.
어쩌면 그분 인생에 마지막 이코노미석이었을지도 모른다.
게다가, 자기에게 눈길 한번 주기는커녕,
치한 보듯 슬슬 피하는 시민에게,
포기하지 않고 자기의 시선을 맞추는 분이셨다.
끝까지 시선을 떼지 않으셨다.
자존심 얼마나 상하셨을까?
그럼에도 무례하지 않았다.
상대방이 자신을 한번 쳐다봐주기를 기다려 주셨다.
내가 만약 이분을 끝까지 못 알아봤더라면,
아마 비행기 안에서라도 눈을 맞췄을 거란 생각이 든다.
포기하지 않는 근성, 끈질김.
그렇게 우리는 같은 비행기, 같은 이코노미석을 타고 김포공항에 도착했다.

남들이 니를 알아주지 않는가?
세상이 니를 알아주지 않는다고 원망하지 마라.
니를 알아줄 날이 올 거다. 그때가 언제든.
그때까지 포장하려 하지도 말고, 포기하지도 마라.
니를 알아주게 만들어라. 겸손하게, 잘난 척하지 말고.
내가 직접 만난 예비대통령께서 나에게 준 가르침이었다.
화면으로 보는 것보다 실물이 훨~ 멋있었던 것 같다.

또~ 또~ 또~

혹시 색안경 끼고 보는 사람 있나?

나 같은 말단 9급 공무원이 내 인생에 언제 다시 한번,
행정부 수반인 대한민국 대통령 되실 분과 나란히,
같은 비행기를 탈 기회가 있겠나?
내 인생에 처음이자 마지막이 될 이 우연한 만남이,
그만큼 나에게는 신선한 충격이었다는 거다.

말 그대로 머리 식히고 읽고 넘어가라고 들려주는 이야기다.

PART V

시험 당일, 그리고 면접준비 Q&A

Q1 시험장에서 문제풀이 순서는 어떻게? 시간 안배는?

A1 시험장에서는 시간과의 싸움이다. 그냥 풀어라.
순서 정하지 말고, 시험지에 나와 있는 순서대로.

자신 있는 과목부터 문제를 풀라거나,
답이 바로 보이는 문제부터 풀라는 사람들이 있다.
그런데, 만일 실제 시험장에서 자신 있던 과목이 막히면,
어려운 과목에서 과락을 면치 못할 수도 있다.
또, 답이 바로 보이는 문제라는 것도 결국,
하나하나 문제를 풀어야 판단할 수 있는 거다.

문제풀이에 특별한 순서란 없다.
시험장에서는 특히 순서 정할 시간이 없다.
순서 정할 시간에 한 문제라도 더 보고 바로 찍어라.
시험시간은 100분이다. 말 그대로 시험시간.
니가 생각하고 이해하는 시간이 아니란 말이다.
생각하고 이해하는 시간은 1년 300일 동안 충분히 했다.
시험 시~작! 하면 바로 문제, 답, 문제, 답, 문제, 답….
문제 푸는 시간만 대략 70~80분 걸릴 거다.
영어 20문제 30분, 나머지 80문제를 문제당 30초 = 40분.
특히 국사는 20문제를 10분이 아닌 7분대에 풀 수 있다.
한길샘 필기노트의 저력이다.
이 남은 3분을 영어 독해 풀이에 더 투입해야 한다.
영어에 20 + 10 + 3분을 더하면 33분은 쓸 수 있다.

단, 문제를 풀면서 진짜 모르겠다, 헷갈린다 싶은 문제는,
무책임한 말일지 모르지만, 그냥 찍어라.
난 찍는 건 무조건 3번을 찍었다. 그야말로 운빨이다.
마킹하는 시간도 넉넉히 잡아 20분 정도 걸린다.
이렇게 90분, 100분이 훌쩍 간다.
마킹할 때는 문제 내용을 생각하지 마라.
헷갈리는 거 생각하느라 마킹 실수가 나오는 경우도 많다.
마킹할 때 모르는 문제를 비워놓지 마라.
마킹 비워놓고 가다가 어느 순간 마킹이 밀려서,
종료 5분 남겨놓고 답지 바꿔달라 울고불고 난리 난다.

모르겠다, 헷갈린다, 거기까지가 니 실력이라 인정해라.
시험장에서 모르는 거, 헷갈리는 거에 집착하지 마라.
찍을 건 빨리 찍고 마킹하고 넘어가야 한다.
시험장에서는 시간과 싸워야 한다.
문제를 풀면서 처음에 고른 답. 더는 고민하지 마라.
니 기억력이 가장 선명할 때다. 니 자신을 믿어라.
고민하다가 답을 바꿔 성공했다는 사람 별로 없다.
그렇게 고민하면서 흘려버린 아까운 시간은 또 어쩌고?

Q2 지엽적인 문제?

A2 별~ 지랄 같은 문제에 힘 빼지 마라.
2018년 서울시 7급 한국사 문제 7번 같은.

다음은 인터넷 기사 내용이다.

『한국사 스타강사인 전한길씨가 2018년 3월 24일 치러진
서울시 지방공무원 7급 공채 필기시험을 풀이하던 중
출제자를 향해 쓴소리를 했다.
전 강사가 지적한 문제는
보기의 고려 후기 역사서를 시간 순으로 배열하는 것이다.
보기에는
민지의 본조편년강목(1317년), 이제현의 사략(1357년),
원부 허공의 고금록(1284년), 이승휴의 제왕운기(1287년).
문제를 맞히려면 이들 고려 후기 역사서가
정확히 언제 쓰였는지 알아야 한다.
특히 고금록과 제왕운기는
출간된 시기가 3년밖에 차이 나지 않아
시험 직후 수험생들 사이에서 "문제가 지나치게 어렵다"는
비난이 나왔었다.』

공부를 하나 안 하나 찍어야 맞힐 수 있는,
변별력 없는 문제를 낸 출제자들에게,
이 한 문제로 공무원 수험생의 운명이 결정된다며,

더 신중하게 문제를 내야 한다고, 한길샘이 울분을 토했다.
해설강의 중에 한 한길샘의 사이다 발언이 방송을 탔다.
유튜브 조회 수 120만, 네이버 실검 2위까지 올랐다.
수험생의 마음을 대변한 진짜 스승이라는 댓글이 달렸다.
청년들의 노~오력이 부족하다고만 했지,
정말 청년들의 편에서,
청년들의 마음을 대변해줄 수 있는 어른이 있었느냐는 응원 댓글.

자~ 그럼 이런 문제가 나오면 니들이 할 일은 뭐꼬?
고려시대 저술서 모두를 연도별로 외운다꼬?
아서라. 절대 안 된다.
7급이든 9급이든 공시생에게 중요한 것 중 하나는,
니가 알아야 할 것과 몰라도 될 것을 구분하는 눈이다.
무슨 말이냐?
1,200페이지에 달하는 기본서 내용을 다 외울 수도 없고,
외운다 해도 몇 년이 걸릴지 알 수 없다.
천재가 아닌 다음에야 1년으로는 턱도 없고.
출제자조차 알고 냈는지 의심스러운,
심지어 대학교수들도 못 풀 그 한 문제.
그걸 맞히려 고려시대 저술서 출간연도를 다 외우겠다고?
바로 그 한 문제를 위한 공부는 과감히 버리고,
정작 맞혀야 할 나머지 19문제에 대한 공부에 집중해서,
니가 공부한 그 19문제를 빠르고 정확하게 맞히는 것.
그게 공시생이 가져야 할 자세이자 실력이라는 말이다.

안타깝게도 이런 문제는 공시에서 매번 나오는 것 같다.
변별력을 부여한다는 그럴싸한 변명과 함께.

그런데 그런 문제야말로 니들의 노~오력과는 관계없고,
운이 좋아야 겨우 맞힐 수 있는 문제일 뿐이다.
니가 운이 없으면 그 변별력 없는 국사 7번 문제 때문에,
너의 당락이 결정될 수도 있을 것이다.
운!!! 하지만 그 운도 니 실력 앞에선 힘을 못 쓴다.
니가 운이 없어 그 한 문제 때문에 떨어지는 게 아니라,
니가 누구도 풀지 못할 한 문제를 커버하려다,
다른 두 문제를 맞히지 못하기 때문에 떨어진다.
운이 좋아 그 한 문제를 찍어서 맞히는 사람보다,
그 한 문제를 맞힐 운이 부족해도,
다른 두 문제를 맞힐 실력을 갖춘 게 너라면,
그 시험은 니가 붙는다.

한길샘이 니 대신 욕은 시원하게 해주셨다.
나도 십 년 묵은 체증이 내려가더라.
니가 할 일은 니가 반드시 맞혀야 할 문제를 맞히는 것.
니가 공부하지 말아야 할 것 = 틀려도 어쩔 수 없는 것.
니가 아는 문제를 실수로 틀리면 여기서 통곡해야 한다.
그 변별력 없이, 영혼 없이 출제된 한 문제,
운빨로 풀 수밖에 없는 지랄 같은 그 한 문제,
다음 시험에도 또 나올 거다.
그 한 문제로 에너지 낭비하지 마라. 버려라.

Q3 시험 당일 에피소드?

A3 100문제 80분에 마킹까지 끝내기.

시험 시작 종 치자마자 난 갑자기 화장실이 가고 싶었다.
그것도 아주 급한 느낌의 그런 게! 뭔지 알지 니들도?
이대로는 시험 중에 큰 일이 일어날 것만 같은 느낌!
허걱! 큰~일 났다. 분명히 방금 전에 화장실을 다녀왔는데,
긴장을 해서 그런지, 생수 한 병을 다 마신 게 화근이었다.
물은 제발 한 모금만 마셔라. 한 모금.
시험장에서 아무리 긴장되고 목말라도.

시작종이 땡~!! 하고 울렸다.
두 번 생각할 여유가 없었다.
그냥 기계적으로 문제, 답, 문제, 답, 두두두두 풀고,
검토는커녕 바로 1234, 4323, 2345… 마킹에 들어갔다.
마킹 끝낸 답안지를 감독관에게 집어던지다시피 하고,
화장실로 총알처럼 날아갔다.
정신 차리고 나와 보니, 헐~
급해서 시험장 바로 앞에 뛰어 들어간 곳이 남자 화장실.
화장실 입구에는 저승사자 같은 감독관님이 버티고 서서,
나를 어디론가 데려가려고 기다리고 계셨다.
다시는 시험장으로 못 들어간다는 것.
나는 시험감독관 대기실로 조용히 모셔졌다.
대기실 감독관님께 시험 종료까지 몇 분 남았는지 물었다.

20분가량 남았단다. 그렇다면 80분.
100문제를 80분 동안에 마킹까지 다 끝내고 나온 거였다.
웃긴 건 내가 들어오고 한 5분쯤 지나자,
나 같은 분들이 두 명이나 더 대기실로 들어오셨다. ㅋㅋ
감독관님이 어떻게 된 건지 물었다.
모두 화장실이 급해서 나왔다고 답했다.
하~ 웃을 수도 울 수도 없는 이 상황.
우리는 시험 종료 시간까지 감독관 대기실에서 대기했다.
그 20분 동안 대기실에서 온갖 생각이 스쳐갔다.

그래…, 공무원 공부하면서 처음 본 시험이고,
일 같은 거 안하고 공부만 전념해도 기본 3년이라는데,
나는 일하면서 공부했으니, 경험이라고 생각하자….
그러면서도 혹시나 하는 마음에,
필기 합격 발표일까지 마킹 걱정으로 한숨도 제대로 못 잤다. ㅠㅠㅠ
2016년 서울시 사복은 알쏭달쏭한 문제가 많았다 한다.
시험 후기에는 막판에 답을 바꿔 틀렸다는 사람이 많았다.
휴~ 다행히 나는 두 번 생각할 여유가 없어서,
바로 답을 정한 게 성공이었던 것 같다. 커트라인 합격.

시험 당일, 예측할 수 없는 어떤 일이 벌어져도,
시험이 어려워도 끝까지, 마킹 하나까지 포기하지 마라!
시험장에서 아무리 목말라도 한 모금으로 목만 축이고.
나처럼 불상사가 생길 수 있으니. 정말 아찔하다.

Q4 면접준비 막막합니다.

A4 정답 없는 시험. 태평양 바다수영. 빅픽처를 그려라.

필기합격의 기쁨은 잠시. 면접 압박감은 또 다른 고통이다.
이건 뭐 답이 없는 시험과 같다.
면접준비 때 느낀 막막함은 객관식 시험보다 더 두렵다.
필기시험이 실내 수영장 안에서 하는 경기라면,
면접은 마치 멀리 태평양 바다수영 같다.

나의 막막함을 해결하는 방법은 한가지였다.
서점에 들러서 면접관련 책을 손에 잡히는 대로 읽었다.
직장인 공시생들의 필수 특권과 의무.
돈을 쓰되 써야 할 곳에 써라.
책 사는 데 돈 아끼지 마라.
니가 사는 1만원짜리 책에는,
너를 합격으로 인도하는 로드맵이 들어있다.
그건 돈으로 환산할 수 없다.
매대에서 읽다가 밑줄 긋고 싶은 부분이 생기면, 바로 책을 산다.
직장인 공시생들에게는,
보고 싶은 책을 큰 걱정 없이 살 수 있는 월급이 있다.
물론 책 몇 권 집어 들면 돈 10만원이 훌쩍 넘어간다.
근데 난 책 사는 돈은 한 번도 아깝다고 생각한 적 없다.
처음 공시를 시작할 때도 그랬지만,
면접준비 때도 서면교보문고에 들러,

면접 관련 책을 손에 잡히는 대로 사서 읽었다.
그리고 면접 합격수기를 미친 듯이 봤다. 하루 종일.

니들은 지금 내 말을 그대로 따라할지도 고민해라.
10년이 뭐냐? 요즘은 1년이면 강산이 변한다.
공시는 1년, 1년의 트렌드를 읽어야 한다.
니들은 이제 최근 연도의 합격수기를 읽어야 한다.
나는 2016년 당시의 트렌드에 따라 합격했다는 말이다.
니들은 최근 1~2년의 합격생 수기를 참고하여,
어떤 강사나 강의를 선택할지,
스터디는 혼자 할지 그룹으로 할지 스스로 선택해라.

아참, 서울시 인적성검사와 영어면접.
서울시는 면접 전에 인적성검사라는 걸 했다.
이건 대기업이나 공기업의 직무적성검사 같은 것으로,
합격에 큰 영향을 주지 않는다는 소문도 있는데,
준비 안 하면 시험 당일 크게 후회할 거다.
난 해커스공무원에서 인적성검사 모의고사 강좌를,
인터넷강의로 듣고 풀었다.
준비되지 않은 자에겐 어떤 기회도 없어야 한다.

영어 면접은 간단히 자기소개를 영어로 2분 정도 했다.
겁먹지 마라.
후속 질문도 없었고, 원어민 발음 아니어도 된다.
자신감과 당당함만 갖고 임하면 된다.

Q5 공무원 면접은 그냥 성적순 아닌가요?

A5 Oh, no~ 아니다. 그런 사람이 면접에서 떨어진다.

간혹 필기시험 1.1배수 합격하고,
합격수기 같은 거 올리는 친구들이 있다.
1배수라 하더라도 면접까지 무사히 마치고,
합격증을 손에 쥐는 날까지 니는 최종 합격자가 아니다.

2016년 서울시 사복 9급에 약 1,500명이 면접을 보았고,
그 중 1,200명이 합격하고, 300명 정도가 면접 탈락했다.
앞으로 면탈자를 계속 늘릴 거란다.
필기 성적이 낮아도 면접 기회를 더 많은 사람에게 준단 것.
누군가에게는 기회이고, 누군가에게는 위기다.
그 탈락자 300명 중 필기 400 넘는 고득점자들도 있었다.
면접은 성적순이라는 공식도 이제는 맞지 않게 됐다.
매년 면접후기에 필기 400넘는 고득점인데 면탈했다며,
그 아까운 고득점 필기점수를 받고도,
탈락한 이유를 모르겠다는 하소연이 올라온다.
어떤 후기에는, 필기 고득점 하나 믿고,
공무원 면접은 성적순이라며 만만하게 보다,
거만한 자세로 면접에 임했다가 탈락했다고도 한다.
면접은, 내 잘난 것 말고 겸손한 걸 본다. 본인만 모른다.

최종합격증을 손에 쥐기까지 누구의 말도 믿지 마라.

면접은 성적순이라는 말도, 나의 면접 경쟁자가,
날 탈락시키려고 만든 유언비어일지 모른다고 생각했다.
고득점자는 자만하게 하고, 저득점자는 포기하게 만들려는.
당시 난 면접에 모든 걸 걸 수밖에 없었는데,
왜냐하면 필기 점수가 아슬아슬했거든.
최종 합격자발표가 나고 보니, 최종 커트라인 점수였다.
2016년 서울시 사복이 찾동사업으로 대규모 공채였지만,
커트라인은 역대 최고를 찍었던 해였다.
행정 등 타 직렬 사복 자격증 있는 사람들이,
사복으로 대거 몰려왔기 때문. 동기 중 80%가 그랬다.
사복합격자 중 400 넘는 사람들도 수두룩했다.

난, 필기 컷. 그래도 끝까지 최선을 다하자고 다짐했다.
면접준비를 철저히 해서 최종합격했다는 후기를 보고,
난 힘을 내서 마지막까지 면접준비에 최선을 다했다.
매 순간 할 수 있는 최선을 다하자. 그래야 후회가 없다.
난 정말이지 이 면접에 모든 걸 다 쏟아부었다.
5월말~6월초에 있는 면접에 모든 에너지를 쏟았기에,
6월 중순에 있었던 행정 9급 필기 응시 기회도 날렸다.
더 이상 시험에 쓸 에너지가 남아 있지 않았기 때문이다.

서울시 사복 면접 끝나고, 난 몇 날 며칠을 쓰러져 앓았다.
그 몸을 이끌고도 난 계속 직장생활, 출근을 해야 했다.
끝날 때까지 끝난 게 아니었으므로.
최종합격증을 받을 때까지는.

Q6 면접 스터디, 할까요?

A6   붙으면 스터디원 다 같이 붙는다.

1) 스터디원 구성과 돕는 천사

면접을 앞두고 9꿈사 면접 스터디 카페에 들어갔다.
스터디원 모집 글이 올라와 있었다.
연락처를 남겼고 3명이 모였다.
니가 목표를 이루고자 한다면 어디서든 분명,
너를 돕는 천사들을 예기치 않게 만날 것이다.
우리 스터디원들은, 오랜 취준생 기간을 거쳐오면서 나름의 면접 내공을 쌓았던, 윤 사부님을 알게 되었다.
그분께서 스터디원들에게 모의 면접을 해주셨다.
뜻이 있으면 길이 생긴다. 얼마나 감사했던지.

자료를 준비해서 공유하고, 예상 질문과 답변을 작성했다.
우리 면접 스터디원들을 위해 매주 1회씩,
1달이 넘도록 2~3시간씩 시간을 냈고, 모의 면접을 해주셨다.
그 바쁜 직장을 다니며 아낌없이 재능기부를 해주신 거다.
후덜덜~~ 지금 생각하면,
실제 면접관보다 윤 사부님 면접이 더 떨리고 무서웠다.
실제 서울시 면접이 오히려 쉽게 느껴졌을 정도다.
그만큼 현장감 있게 면접을 봐주셨다.

이때, 스터디원들의 단합이 중요하다.

조원 중 누군가 합격하면 거의 다 같이 합격하더라.

우리 조 역시 3명이 다 합격했다.

나는, 살아오면서 위기 때마다 기대치 않게 많은 좋은 분들을 만날 수 있었던, 만남의 축복이 있는 사람이다.

윤 사부 역시 그런 분들 중 하나였고,

우리 스터디원끼리는 그분을 윤 사부님이라 불렀다.

우리의 천사 스승, 윤 사부님! 고맙습니다.

창덕궁 후원, '과거 급제자'들이 앉았다는 자리에 앉은 영광의 합격생들. 가운데 필자.

2) 면접강사 선정 및 실전모의면접, 스티마 밤샘 실강

합격자들이 추천하는 강사는 꽤 많았다.

면접을 앞두고 나는 필기 준비하던 때와 마찬가지로,

합격자들의 강사 추천 회수를 세었다.

- 사복, 일행 등 공통 : 스티마
- 사회복지 전공 : 김형준

스티마는 전 직렬의 추천 1순위였다. 스티마로 쭉 갔다.

하루짜리 압축 강의는 면접 스티마 실강을 추천한다.
형편이 안되면 인강으로 봐도 무방하다.
실강은 실시간 묻고 답할 수 있다는 장점이 있기 때문에,
별도의 연습 시간을 굳이 가지지 않아도 된다.
그리고 윤 선생…, 아니다. 피티윤샘이다.
2년밖에 지나지 않았는데, 헐~ 기억이 가물가물하다.
면접은 보충 강사의 도움도 많이 받았다.
피티윤샘은 당시 면접 초창기 강사로 보였다.
수험생이 질문을 문자를 남기면,
스케줄이 빌 때 직접 전화로 질문, 답 코치를 해주셨다.
그것도 무료로.
피티윤샘 다음카페의 무료 강의도 많은 도움이 되었다.
그동안 잊고 있었는데, 이제야 감사의 마음을 전한다.

3) 서울시 곳곳 체험

① 덕수궁돌담길, 서대문~청계천~동대문
② 한양도성(유네스코 세계유산 등재 추진)
③ 경희궁 및 5대 궁궐
④ 서울시청 앞 줄타기 공연(유네스코 인류무형문화유산)
⑤ 종묘, 종묘제례악 야간공연
⑥ 종로1 · 4가동 쪽방촌
⑦ 서울시티투어버스

이렇게 주~욱 둘러 보았다.
서울 도착 첫날 서울역에 내려,
서대문부터 걸으며 한양도성 벽돌을 직접 만져 보고,

동대문까지 걷고 또 걸었다.
서울시청에 들러 합격 기원 사인도 남겼다.
나중에 알게 되었지만,
조선시대 선비들이 과거를 친 후, 합격을 간절히 바라는 마음으로,
4대문 끝과 끝을 직접 걸으면 합격한다는 전통이 있었다고 한다.
우리는 실제로 그 길을 걸었고, 그렇게 합격했다.
청계천을 지나 동대문을 나와 창신동 주민센터까지,
언덕을 걷고 또 걸었다.
서울 곳곳을 탐방하느라 발뒤꿈치가 다 까진 김 주임,
그 무거운 노트북을 하루 종일 들고 따라다닌 오 주임,
정말 정말 다들 고생했었다. 든든한 전우들.

종로1·4가동 쪽방촌도 둘러보았다.
서울의 중심, 종로. 대표적인 종로 쪽방촌의 입구는,
아이러니하게도 한국금거래소의 맞은편에 있었다.
나는 정면돌파를 좋아한다.
대표적인 복지 필요 지역인 여기서 일을 해보고 싶었다.
꿈대로 결국 돌고 돌아 종로1·4가로 첫 발령을 받게 되었다.

그리고 대한민국 5대 궁궐을 다 찍었다.
경희궁, 경복궁, 창덕궁, 창경궁, 덕수궁.
창덕궁 후원의 부용지와 규장각을 돌아보고,
창덕궁 내의원 한의학 체험 행사도 참여했다.

종묘는 독특한 매력이 있었다.
낮에는 조선의 세자빈 혼례를 보았고,
밤에는 종묘제례악 야간 야외공연을 보았다.

종묘제례악은 웅장하고 장엄하고 인상 깊었다.
종묘제례악 야간공연을 보기 위해 들어가는 입구에서부터,
돌길 위에 무릎 높이의 나지막한 등불이 세워져 있어,
가로등 없이 한 발짝씩 등불만 따라 걷게 되어 있었다.
그 짧은 길을 걸으면서 난 생각했다.
내가 서울시 사회복지공무원으로 일하게 된다면,
비록 위에서 길을 환히 비추는 가로등은 아니라도,
힘겨운 시민의 발걸음에 맞춰 한 걸음 한 걸음 같이 걷는,
등불 같은 사회복지 공무원이 되고 싶다고.

서울 시티투어버스를 마지막으로 서울 투어를 마무리했다.
서울은 정말 매력적이다.

Q7 면접 전날과 당일 컨디션 조절 어떻게?
A7 나의 최상의 모습. 잘 자고 잘 먹기.

직장인이었던 난, 투자할 땐 투자하고 돈 쓸 땐 썼다.
드디어 면접날이 가까워졌다.
면접 전날 서울에 도착해서, 이대 앞 메이크업숍과 가까운,
서대문 신라스테이에 숙소를 잡았다.
서울이 집인 사람들은 행운인 거고,
나처럼 지방민들이 서울시를 치러면,
경제적, 시간적 투자를 감수해야 한다.
뭔 공무원 면접에 전날 거창한 숙소까지 잡고….
돈 낭비라고 생각하는 사람 있을 거다.
나부터도 그렇게 생각했다. 조식 포함 10만원 돈 하더라.
직장인 수험생이라고는 해도,
나에게도 역시 이 정도면 큰 돈이고, 아깝다.
내 손으로 피땀 흘려 번 돈이기 때문이다.
나도 나름 경제 관념 있는 여자다.
하지만 꼭 필요한 투자는 아끼지 않는다.
직장인은 그러려고 돈 버는 거다.

앞에 말했듯 '면접은 성적순' 이러면서,
대충 준비 없이 들어가는 사람들이 있다.
정말 겁 없는 사람들이다.
니가 흘린 땀과 눈물이 합격이라는 열매로 돌아올 것인가,

모든 게 물거품이 될 것인가를 결정하는 마지막 관문이다.
일생일대의 작업이라고 생각해야 한다.
이 마지막 관문을 '대충' 통과하려다가는,
언제 다시 올지 모를 기회를 날려 버릴 수도 있다.
나도 직장 다니면서, 공시 도전부터 면접에 이르는 동안,
몸과 마음이 지칠 대로 지쳐 있었다.
그러나 난, 면접 당일 최상의 컨디션을 유지해야 했다.
그게 나 자신뿐 아니라 면접관에 대한 예의라고 생각했다.
면접 하루 전날, 그동안 고생한 나 자신에게,
휴식과 재충전을 위한 선물을 주기로 했고,
그 덕에 최상의 컨디션으로 면접장에 갔다.

서대문 신라스테이는 면접 전날 숙소로는 최적이었다.
비즈니스식 호텔인데 깔끔하고,
딱 편안하게 쉴 수 있는 공간이었다.
면접자료를 정리하기에 부족함 없는 책상이 하나 있었고,
침대는 신라호텔에 들어가는 것과 동급이라고 하더라.
방에 마련된 책상에서 면접자료 정리를 끝내고,
신라스테이 푹신한 침대에 누워,
답변을 수없이 읽고 외우며 녹음한 것을 점검하다가,
아쉬움을 남긴 채 나도 모르게 곯아떨어졌다.
면접은 아무리 준비해도 아쉽고 뭔가 부족한 것 같다.
그래서인지 꿈속에서조차 면접장이다.

어느 순간 눈을 떠보니 아침이 왔다.
푹 잔 덕에 보송보송한 얼굴로 조식을 거~하게 먹었다.
면접조가 마지막에 걸리면,

하루 종일 아무 것도 못 먹는다는 소리를 들었기 때문이다.
나중에 합격하고 꼭 다시 와서 먹어야지 다짐하면서,
정말 맛나게 실컷 먹었다.
음…, 신라스테이는 가성비 짱이다.
주말인 지금, 신라스테이 점심 뷔페를 이용하러 다시 왔다.
뷔페 식사를 하면서 한편에 노트북을 놓고,
맘 편하게 이 글을 쓰고 있다. 감회가 새롭다.
공시 준비하면서는, 합격하고 이것도 하고 저것도 해야지!
숱하게 적어 놨다.
특별할 것도 없지만, 하나씩 clear 할 때마다 뿌듯~하다.

그렇게 잠 잘~ 자고, 조식으로 영양보충 잔뜩 하고,
이화여대 앞으로 메이크업을 받으러 갔다.
덕분에 하루 종일 아침 한 끼 먹고 오후 5시까지 버텼다.
면접 당일은 오전 10시에 도착해서 오후 5시에 끝났으니,
사실 화장실 외엔 자리를 뜰 수조차 없었다.
복불복이다. 내가 몇 시 조에 면접이 배정될지 알 수 없다.
하루 종일, 아니 면접장에 도착한 다음부터는,
몇 시에 끝날지 모르는 '무한 대기'라고 생각해야 한다.
면접 당일까지도, 본인이 몇 시에 어느 면접실에 들어갈지,
어느 면접관을 만나게 될지 아무도 모른다.
면접관도 당일 아침에 자기가 면접할 사람을 배정받는다.
모든 게 면접의 공정성을 기하기 위한 서울시의 조치다.
서울시의 투명 행정에 대한민국의 희망을 본다.
이게 공시가 투명한 대한민국 마지막 사다리라는 이유다.

2015년까지는 면접 수험생이 배고플까봐,

서울시에서 빵과 우유를 준비했었다고 한다.
근데, 다른 사람은 빵과 우유를 먹고 다 멀쩡했는데,
한 수험생이 배탈이 났다는 민원 제기를 하는 바람에,
그나마 하루 종일 대기하느라 지친 수험생들에게 지급하던,
빵과 우유를 더 이상 제공하지 않기로 했단다.
어쨌든, 간단하게 한입 먹을 수 있는 에너지바 챙겨 가라.
아침에 조식뷔페를 먹고 나온 게 얼마나 다행이던지….
니가 오전 조에 편성되면 다행이고,
마지막 조라면 오후 5시 넘도록 그냥 버텨야 한다.
난 뒷조에 배정되었지만 컨디션 조절을 잘했기에,
멀쩡한 상태로 오후 5시까지 잘 버텼다.

면접을 끝내고 나오니 긴장이 풀려 다리가 후들거렸고,
하이힐을 신은 탓에 계단 난간을 겨우 붙잡고 내려갔다.
하이힐이 아니었어도 제대로 걸음을 못 걸을 정도였다.
어떤 사람들은 막 울면서 나왔다.
멘탈은 탈탈 털렸고, 체력은 바닥이 났다.
2016년 서울시 압박면접으로 다들 후덜덜 했다고 한다.
왜? 300명을 떨어뜨리려니 압박으로 갈 수 밖에 없다.
집에 도착하자마자 그냥 쓰러졌다.
쓰러져도 다 끝나고 쓰러져라.

Q8 면접 메이크업, 받아야 하나요?

A8 선물에 포장하는 거 아끼지 마라. 더욱이 직장인은.

20대는 젊음 자체가 무기다. 화장이 필요 없다.
하지만 나처럼 40대 접어든 아줌마에게는 메이크업은 필수다.
이건 면접관에 대한 예의다. 전문가의 손길이 필요하다.

이대 정문 바로 오른쪽 스튜어디스 면접 전문 메이크업숍.
이름은 기억이 안 난다. 가격은 6만원.
직장인인만큼 돈을 쓸 때와 아낄 때를 잘 구분해야 한다.
면접은, 1년간 필기시험과 인적성검사, 면접준비에 쏟은,
너의 땀과 눈물의 결정체.
면접장은, 너의 모든 것을 걸고 면접관 앞에서 너의 모습을 선보이는 곳.
내용물이 아무리 훌륭해도 포장하지 않으면,
그건 선물도 아니다. 그냥 예의가 없는 거다.

순간순간을 소홀히 하고,
준비하지 않은 자에게 기회는 없어야 한다.
공무원 면접 별거 아니라는, 그런 사람이 떨어진다니까?
그 모든 험난한 과정을 거쳐 면접장에 가는 그 기회란,
니한테는 마지막 기회일 수도 있다!
남 말 듣지 말고, 니가 할 수 있는 최선을 다해라.
지금 이 순간은 한 번 지나가면 다시 오지 않는다.

다시 돌아와서, 면접은 이미지이고, 화술이고, 대화법이다.
첫인상의 70%는 외모다.
그 다음 너의 말투, 목소리, 답변 태도 등이다.
성형을 하라는 말이 아니다.
메이크업을 통해서 니 외모의 단점은 커버하고,
장점은 부각시킬 수 있다는 거다.
물론 수험생에게 돈 6만원이 적지는 않지만,
그 6만원으로 니 이미지를 조금이나마 좋게 할 수 있다면,
부드러우면서도 신뢰감 드는 이미지를 얻을 수 있다면,
투자하기를 적극 추천한다.

▲ 면접용 메이크업으로 탄생한 인생 사진

아직까지 공시생들은 따로 전문 메이크업을 받지 않지만,
일반 사기업이나 공기업 준비생들은 면접용 메이크업을 많이들 받는다.
이것 또한 내가 벌어 내 돈 쓰는 직장인들이 누릴 수 있는 특권이다.

니 일생일대의 노력의 결정체에 예쁜 포장을 하는데,
거기에 드는 돈 아끼지 마라.

> 말이 쉽지. 하루 10시간 일하면서 1년 만에 합격하기 쉽지 않다. 비결을 한 마디로?

A9 필사즉생(必死則生) 필생즉사(必生則死).
1년간 단 한 번의 시험에 모든 걸 걸고 싸우는 것.

이게 먼저 공시를 경험한 내가 니들에게 해 줄 수 있는,
짧지만 가장 중요한 한 마디다.

PART
VI

끝날 때까지
끝난 게
아니다

01 합격 후 신임리더 교육

서울시 인재개발원에서의,
2016년 112기 서울시 사회복지 신임 리더 1달간 교육은,
험난했던 나의 1년간의 도전에 대해,
보상이 되고도 남을 만큼 참 좋았다.
서울시 인재개발원의 모든 교육프로그램이 감동이었다.
그 중에서도 TV 프로그램 [스타킹]에도 나왔던 권투선수 출신 테너 가수 조용갑님의,
'삶이 도전이고, 간절함으로 포기하지 않으면 꿈은 이루어진다'는 메시지의 음악과 스토리가 있는 멋진 강연이 특히 기억에 남는다.

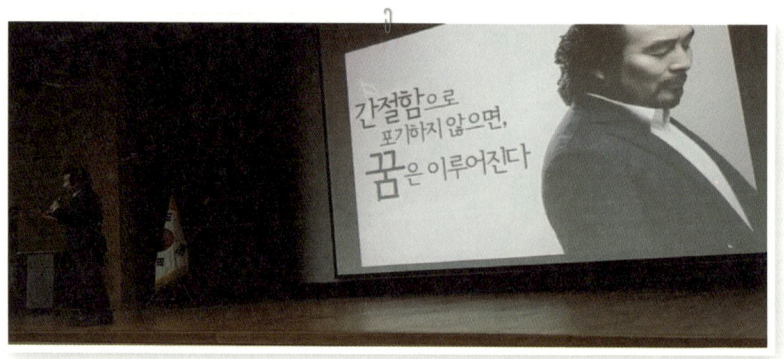

▲ 권투선수 출신 테너 가수 조용갑님의 강연 모습

권투선수로서 성악가의 꿈을 포기하지 않고 끝내 이뤄낸,
그 꿈과 삶의 스토리.
마지막에 들려준 'You raise me up' 가사 하나하나는,

지금까지도 내 심금을 울린다.
현직에서 힘들 때마다 떠올리게 되는 행복한 추억.
합격 후 정말 공무원 되길 잘했다 느꼈던 첫 번째 순간.

합숙교육을 하면서 우리 동기들은 친구가 되었고,
나이를 불문하고 끈끈한 우정을 지금까지 이어오고 있다.
88, 90, 92년생 동기, 그냥 모두 친구다. 그렇게 된다.
국립 현충원 참배, 대학로 키다리 아저씨 뮤지컬 관람,
이 모든 게 아름답고 행복했던 순간들이다.
내 평생 공직생활을 이끌어 갈 아름다운 추억을 만들어준,
서울시 인재개발원에 진심으로 감사드린다.

▲ 서울시 인재개발원 112기 신임리더 교육 동기들

02 나 자신에게 주는 선물

1) 치아교정

공무원 합격하면 꼭 하고 싶은 게 있었다.
그걸 필기노트 뒤에 적어놓고, 기대하며 기다렸다.
어릴 적 별명이 토끼였다. 앞니가 툭 튀어나왔었다.
치아교정! 그날이 왔고 마침내 소원을 이뤘다.

공무원 공부하느라 1년간 자신에 대해서는 거의 방치상태,
아니 거의 자기학대 수준이다.
잠도 못 자, 식사는 MSG 가득한 외식에,
피부관리는커녕 잘 씻지도 않고….
난 1년간 10년은 늙은 것 같다.
제일 중요한 건 나 자신.
'네 이웃을 네 몸과 같이 사랑하라'는 말은,
결국 니 자신을 먼저 사랑하라는 말이다.
나를 가꾸고 사랑하고 존중해줘라.
나를 사랑하는 사람이 남에게도 사랑받는다.
합격하고 나서 반드시 자기관리를 하라는 이유다.
그동안 방치한 나에게, 고생했다고 스스로 보상을 해줬다.

내 동기들은 월급 모아 유럽여행 가더라.
난 안전성, 실력, 가성비 따져, 종로3가 박강석치과 선택.
교정비 아끼려, 발품 팔아, 어렵게 어렵게 알아낸 곳이다.

발치 안 했다. 투명교정, 그 가운데 클리어얼라이너.
이 투명교정은 일할 때 표가 안 나서 좋다.
치과를 처음 방문했을 때,
원장님께서 나보고 자꾸 뭐하는 분이냐고 물으셨다.
방송국 PD님이시냐고. 헐~
주말에 틈틈이 글을 쓰고 있다 했더니,
갈 때마다 작가님~ 작가님~ 하신다. ㅋㅋ
아직도 내가 공무원인지 모르신다. 유쾌하고 재미있으시다.
아~ 공무원임을 밝히지 않는 이유는,
공무원은 근무지에서 업무를 볼 때를 제외하고는,
어딜 가든지 신분을 노출하면 안 된다는 불문율이 있다.
사적인 일과 공적인 일이 연결되지 않도록 하기 위한,
서로를 지킬 수 있는 가장 합리적이고 객관적인 방법이다.

치과는 들어설 때마다 공포감이 든다. 내가 겁이 좀 많다.
그럴 때마다 원장님은 종종 재밌는 이야기를 해주셨다.
원장님 의사면허 번호가 7777번이란다. 다 더하면 28.
사람 치아가 28개라 이빨이란 이름이 붙었단다.
그러면서 치과의사는 본인의 운명이었다고 하신다.
그런 이야기 들으면서 한바탕 웃으면 공포가 사라진다.
그래서 치과 가는 날이 딱히 무섭지 않다.
나보고, 작가니까 책에 병원 이야기 한 줄 넣어 달라셔서,
원장님의 친절, 유머에 대한 답례로. 한 페이지 적는다.

2) 먹거리 〈종로 박보연간장게장〉

여기는 종로구청 앞에 있는데, 정말 맛있다.
간장게장에, 누룽지, 직접 만든 식혜까지 완벽하다.

언제 가든지 늘 귀하게 대접해준다.
그래서 난, 부산에서든 어디서든,
특히 귀한 손님들이나 친구들이 서울 올라오면,
박보연간장게장으로 모신다.
수산물 본고장인 부산에서 먹는 간장게장보다 더 맛있다.
강북 특유의 울퉁불퉁한 골목길을 걸어 들어가면,
커다란 가마솥이 보인다. 간장을 끓이는 솥이다.
다시 가게 안으로 들어가면 입구에 작은 솥이 있고,
누룽지가 담겨있다.
손님들이 맘껏 집어 먹게 한 주인장의 배려.
입구부터 입이 즐겁다.
간장게장은, 음~ 그냥 먹어봐라.
그 맛은 설명할 수 없다.
손수 만든 식혜는 아예 나갈 때 종이컵에 잔뜩 따라서,
집에 갈 때까지 홀짝거리며 먹었다. 구수하다.

▲ 박보연간장게장의 맛있는 간장게장

3) 볼거리 〈여의도 개그콘서트〉

합격하고 개콘 녹화 보러 가는 것도 하나의 꿈이었다.
꿈도 참 소박하지?

2018년 4월 28일, 개콘 방청 인터넷 신청.
와! 드디어 당첨문자 도착.
여의도 KBS, 기다란 줄, 설렘, 입장….
웃다가 쓰러지는 줄 알았다. 웃다가 죽을 수도 있겠더라.
어두운 터널을 지나 공무원이 되어 찾아온,
정말 꿈 같은 시간이었다.

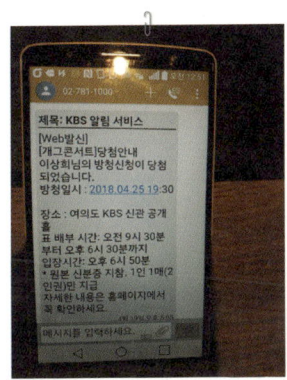 

▲ 동기 단짝 서현이와 개콘 go go go~

물론, 임용 후 최소 1~2년간은 공직생활 적응이 우선이다.
그다음 하나하나 미션 clear 해나가는 즐거움을 느껴봐라.

03 합격 후 자기관리

Q 직장인 단기합격 부작용과 그 대책은?
A 1년 뒤 돌아온다. 그것도 완벽하게.

세상에는 공짜가 없다. 절대로.
나이 40 다 된, 그것도 아줌마가, 직장까지 다니면서,
1년 만에 합격하려는데 공짜가 있겠나? 부작용, 있다.

〈부작용 및 대책〉

증상	내용	대책	회복 기간	비용	결과
비만	체중 25kg 증가	광화문 스포짐	1년 6개월 (매일 1시간)	헬스 연간권 100만원 (PT 80만원 별도)	50KG 복귀
요통	허리 내려앉는 느낌	듀오백 의자	시험 끝나고 없어짐	20만원	시험 끝나고 없어짐
탈모	수면 부족으로 머리 빠짐	잘 먹고, 잘 자고, 운동하기	시험 끝나고 없어짐	0원	시험 끝나고 없어짐
	안 죽는다. 완벽하게 돌아온다. 겁먹지 마라.			비용 총합 약 200만원	부작용 없음

수험생활 중에 내게 찾아왔던 대표적인 부작용은,
비만, 요통, 탈모 정도다.
이 가운데 먼저 요통은, 허리가 내려앉는 느낌으로,
이거는 의자를 허리에 무리를 주지 않는 것으로 바꾸고,
그저 버틸 수밖에 없다.
존버정신으로, 의연하게, 당당하게.
시험 끝나면 없어진다.
단, 운동을 꾸준히 해야 한다.
다음으로 탈모는, 역시 시험 끝난 후 잘 먹고 잘 자니까,
1달 뒤부터 머리가 다시 나더라.

마지막으로 합격 후 자기관리의 핵심인 비만 관련해서는,
내 경험을 통해서 니들에게 답을 제시하려 한다.

1) 수험 중 비만

1년간 살이 25kg 쪘고, 1년 반 뒤 25kg 뺐다.
시험 이후 1년 반을 매일 1시간씩 자기관리에 투자했다.
매일 하루 10시간씩 일하고, 하루 8시간씩 공부하고,
하루 4시간 자며 공시 합격했다.
그 내공은 앞으로 평생 공직생활에 내 자산이 될 거다.
내가 마음먹고 노력한다면 못할 것이 없다는 자신감.
살 25kg 빼는 거?
그것쯤이야 공시합격에 비하면 아무것도 아니다.
한길샘은 『성공수업』이라는 책에서,
20~30대는 평생의 기초체력을 만드는 시기라고 했다.

살이 찌니 좋았던 점도 있다.

한번 앉으면 엉덩이가 무거워져서 꿈쩍하기 싫다.
막판엔 한번 앉으면 7시간씩 화장실도 안 가고 공부했다.
어쨌거나 수험생활을 시작하고는 1달에 2kg씩,
1년간 무려 25kg가 쪘다.

수험생활의 특권은, 다이어트 걱정 따위 날려버리고,
돈만 받쳐준다면 먹고 싶은 것 마음껏 먹을 수 있다는 것.
밤 12시에도 출출하면 독서실 앞 포장마차에서,
우동, 김밥 등을 마음껏 먹었다.
독서실 올라갈 때는 간식거리를 잔뜩 사 들고 갔다.
독서실에서 인강 들으며 초코파이 12개들이 1박스를,
하루에 다 먹었던 적도 있었다. 아~ 미쳤었다. 진짜.
뇌세포가 필요로 하는 영양소는 오직 포도당.
당 떨어지면 집중력도 떨어진다. 뇌가 좋아하는 달달함.
책상에 앉아서 머리에 포도당을 말 그대로 때려 부었다.

아들 준이가 5살 때 처음 읽었던 한글이 초코파이였다.
누가 가르쳐 주지도 않았는데 초코파이를 다~ 먹고 나서,
초코파이 비닐에 손가락을 또박또박 짚어가며 읽는다.
쵸~그~빠~이. 더 달란 소리다. 헐~
초코파이는 5살 아이가 한글을 깨치게 하는 힘이 있다.

그리고, 내 수험생활의 유일한 벗, 내 사랑 초코바!
난 지금도 초코바를 보면 행복하다.
물론 지금은 몸매 유지를 위해 못 먹는다. 아니 안 먹는다.

이 수험기간이 고통스러운 것만은 아니었다.

때때로 행복했다.
수험생활 중에도 소소한 행복이 있어야 그 시간을 버틴다.
시험 1년 6개월 후 원래 몸무게인 50kg으로 감량했고,
그 후로는 평~생 다이어트 중이다.
먹는 것 조심하고, 운동 쉬지 않으면서, 매일 몸무게 잰다.
살은 빼는 것보다 유지하는 게 힘들다.

2) 서울시 시험 이후 본격 다이어트

다이어트와 공시의 공통점. 나 자신과의 싸움이다.
시간, 돈, 체력, 멘탈, 인간관계 모두가 그런 것처럼.
따라서 전문경영인의 자세로 자기관리에 접근하면 된다.

2016년 3월 19일, 시험 마친 날 내 몸무게는 75kg.
2017년 9월, 50kg.
1년 6개월 만에 25kg 감량했다.
시험 끝나자마자 점수를 매겨 보니,
커트라인 안에는 들어간 것 같았다.
면접을 볼 수도 있겠다 싶었다. 몸을 옷에 맞춰야 했다.
정장을 입으려면 적어도 10kg은 감량해야 했다.

(1) 걷기 + 헬스 PT

필기시험이 끝나자마자 한 달간은 무조건 걸었다.
출퇴근 지하철 4코스를 빠른 걸음으로 걸어 다녔다.
출근 1시간, 퇴근 1시간, 왕복 2시간이다.
몸무게가 70kg를 넘어가면 가급적 뛰지 않는 게 좋다.
관절 다 내려앉는다. 빠르게 걸어야 한다.

인강 진도 뺄 때처럼 운동 스케줄을 달력에 적었다.

하루 200g만 빼면 된다.

출퇴근 왕복 2시간 걸으면 운동 후 200g 빠져 있다.

매일 운동 전후에 몸무게는 꼭 쟀다.

시간이 지날수록 동일 운동량 대비 줄어드는 몸무게 양은 감소한다.

반감기다. 이때 포기자들이 늘어난다.

근데, 포기하지만 않으면 체중은 빠진다는 것을 기억해라.

걸어서 출퇴근으로만 1달간 7kg을 뺐다.

그 덕에 왕복 차비 5만원 정도의 돈이 남았다.

2016년 4월 26일, 68kg 접어든 날,

차비 모은 돈을 보태서 직장근처 헬스장 PT 등록을 했다.

서울시 발령 직전 2016년 6월말에 63kg 찍었다.

시험 직후 발령 직전까지 3개월에 12kg을 감량한 거다.

시험 때까지 머리를 채우는 데 시간과 돈을 투자했다면,

시험 이후 면접일까지는 내 몸에 투자했다.

면접일까지 내 몸을 최대한 최상의 상태로 만들어야 한다.

여유가 되면 PT를 받는 것도 권한다. 이건 선택이다.

(2) 광화문 스포집 PT + 스피닝 + 요가

* 스피닝 1시간 – 단기간 체중 감소에 직방(필수)
* 요가 1시간(선택) + 1:1 PT(선택)

최초 3개월간 12kg 뺐고, 이후 1년 3개월간 13kg 뺐다.

이렇게 총 1년 6개월간 25kg 뺐다.

스피닝은 지방을 태우는 데 직방이다.

▲ 스피닝 장면과 스피닝 직후 뿌듯함을 담은 사진

40분만 타도 최대 1,000kcal까지 태운다.
요가를 하면 살이 빠지면서 몸매 라인을 같이 잡아준다.
퇴근하고 하루 1~2시간, 최소 주 3회는 운동했다.
PT는 비싸서 격주로 6개월 정도 했다.
PT는 비싼 만큼 단기간 효과에 최고다.
이걸 6개월은 유지해야 내 몸무게가 되는데, 쉽지 않다.

세상을 살아보면 내 의지대로 할 수 있는 게 별로 없더라.
그런데 살 빼는 것만큼은 내 의지대로 할 수 있다.
어떻게 먹고 어떻게 움직이느냐에 따라 결과가 나온다.
사실 공무원 공부 역시 본인이 하지만,
합격이라는 결과는 알 수가 없는 거다.
자~ 일하면서 공무원도 합격한 니들이다.
체중 감량? 이거는 그냥 껌이다.
움직인 대로, 먹은 대로 결과가 나오는 가장 정직한 싸움.
이게 바로 다이어트다.

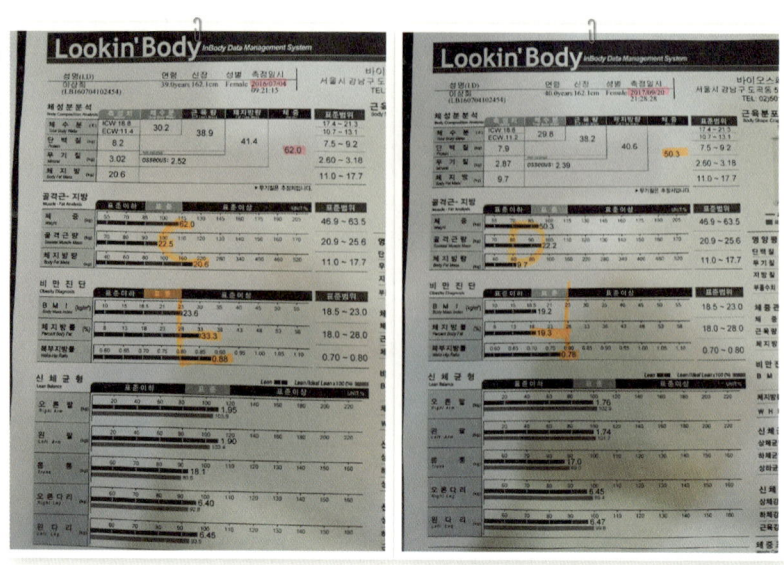

▲ 62kg에서 50kg으로의 감량 내용을 담은 기록지

합격한 분들에게 당부하고 싶다.
해외여행도 좋고, 가족, 친구들과 시간을 갖는 것도 좋다.
하지만 가장 중요한 것은 니 몸이다.
공부하는 기간 동안 니 몸은 이미 많이 망가져 있다.
헬스 연간 회원권이 100만원 정도 한다.
난 PT와 요가를 포함해서 1년에 200만원을 투자했다.
가장 소중한 내 몸, 내 건강을 위해서.
해외여행이든 가족, 친구와의 시간이든, 모두 그 이후다.

공무원 임용 후 1년간 10kg 넘게 빠진 내 모습을 보고,
사무실 여직원 80%가 운동을 하는 진풍경이 벌어졌다.
니 평생 공직생활은 체력이 곧 국력이다.
1년 동안 공부하느라 망가진 저질 체력을 되살려 놔라.

꿀팁 1

살은 후유증 없이 빼는 게 중요하다.

살을 무리하게 빼려 하면 백퍼 관절 상한다.

뇌세포와 더불어 관절세포는 우리 몸에서 재생 불가능한 세포다.

한 번 망가지면 되살릴 수 없다.

뼈는 부러진 후 아물면 더 단단해지고, 간도 재생된다.

콩팥은 한쪽이 망가져도 다른 한쪽으로 살 수 있다.

그러나 관절은 내려앉으면 끝이다. 수술 외엔 방법이 없다.

뛰지 말고 빨리 걸어 건강하게 살 빼야 한다. 부작용 없이.

꿀팁 2

식단은 크게 고민하지 않아도 된다.

아무리 잘 먹어도 하루 운동량만 충분하다면 체중은 줄게 되어 있다.

체중 조절의 의지를 가지고도 폭식을 일삼는 이는 없을 테고.

그럼에도 간단한 팁을 드리자면,

나의 경우 아침, 점심은 평소처럼 맘껏 먹고,

저녁만 닭가슴살 위주로 식사하고, 과일 샐러드를 꼭 먹었다.

따로따로 챙겨먹기 귀찮을 때는,

그냥 파리바게트에서 닭가슴살샐러드를 사먹기도 했다.

PART
VII

공직생활
Q&A

Q1 **공무원 되고 보니 기대한 것만큼 진짜 좋나요?**
A1 **음~ 좋다. 차~암 좋다. 갈수록 좋아진다.**

'공무원 합격하는 날이 니 인생의 8.15 광복절'
한길샘이 강의 중에 종종 하시던 말씀이다.
맞다. 난 내 인생의 광복절을 맞이했다.

공무원이 되면 좋은 점 세 가지만 요약하겠다.
첫째, 자유함 : 공무원 공부하면서 합격하면 하고 싶었던 일을 할 수 있는 시간적, 육체적, 정신적 자유함.
둘째, 계획 있는 삶 : 결혼도 하고, 집도 사고, 애도 키우고, 행복한 가정 꾸리기.
셋째, 신분보장 : 헌법이 보장하는 공무원이라는 신분.

1) 자유함

8.15 광복절은 그냥 역사적인 날이 아니다. 자유함 자체다.
일반적인 공시생들이 합격하여 얻는 자유함도 좋겠지만,
9년 계약직에서 정규직 공무원이 된 자유함은 또 다르다.
지금 니가 공시생으로서 고민하고 있는 대부분 문제들은,
아마 니가 합격함과 동시에 모두 사라질 거다.
그냥 고민의 수준이 다른 차원으로 넘어간다고 보면 된다.
내가 합격하고 나서 꼭 하고 싶었던 것이 하나 있었다.
시험 이틀 전까지 심장 졸여가며,

조마조마하게 태양의 후예 본방사수를 한 나다.
합격하면 이걸 맘 편~하게 다시 보는 것.
꿈 하나 거창하지?
헐~ 공부할 때는 밤을 새우는 게 그렇게 힘들었는데,
태후를 몰아 보는 동안 이건 뭐 시간이 어떻게 가는지,
동이 훤~하게 틀 때까지 밤을 새워도 힘들지 않았다.
그때, 난 태후에 단단히 미쳤었다.

내가 책을 쓰게 될 거라고는 생각도 못했다.
합격하고 1년간은 글자를 보기도 싫었다.
한동안 주야장천 드나들던 한길샘 카페도 끊었었다.
업무시간은 정신없이 빡세지만, 그 외 시간은 자유함이다.
일을 하는 시간 외에 온전히 나에게 주어지는 시간들.
1년 정도는 가족도 챙기고, 친구도 만나고,
운동도 하면서 방치했던 나를 돌보고 아껴주었다.
맛집도 찾아다녔고, 몸과 마음의 쉼을 누렸다.
니가 공시기간 치밀하게 관리해온 시 · 돈 · 체 · 멘 · 인.
공무원이 되고 나면 여유롭게 넘쳐날 거다.
이거 공짜 아니다.
나처럼 나이 40에 합격하든 30대에 합격하든,
이 모든 게 소~중한 자산이다.
돈만 자산이 아니다.
한 살이라도 젊을 때 이걸 잘 캐치해서 관리해야 한다.
시간, 돈, 체력, 멘탈(에너지), 인간관계 방향을 잘~ 잡아야,
지혜롭게, 생산적인 곳에 쓸 수 있다.
내가 주말에 쉬면서,
계획에 없던 300쪽 가까운 책까지 쓸 수 있는 배경이다.

때로는 폭풍을 지나 고요함도 찾아온다.
꼭 해보고 싶었던 것, 해먹 위에서 멍때리기.
거실 해먹 위에서 한길샘 카페 공직생활의 자유함 코너에 글도 올렸다가,
멍때리다 잠들기를 반복했다.
엄마 품 같은 해먹은, 흔들거리다 어느 순간 잠들게 한다.
리조트가 따로 없다.
우리 집 거실이 파라다이스다.

▲ 해먹에서 멍때리기

공무원 업무, 앞에 말했듯이 빡세다.
하루가 어떻게 지나는지도 모르게 정신없이 흘러간다.
집중력 있게 일을 끝내면, 공휴일, 자유롭게 쉴 수 있다.
난 이 자유함이 너무 좋다.
니가 공부하면서 합격하면 하고 싶었던 일들,
필기노트 옆구리에 끼고 다니면서, 맨 뒷장에 적어 놔라.
주체할 수 없는 자유함이 올 때,
그 시간을 의미 없이 보내지 않도록,
니가 미뤄 놓았던 일들을 하나씩 성취해 나가라.

2) 계획 있는 삶

요즘 젊은 세대를 3포세대, 또는 7포세대라 한다.
연애, 결혼, 출산 등 안정적인 삶을 포기한다는 의미다.

대한민국의 수많은 직장인, 자영업자들의 고민이 뭐냐?
내일을 기약할 수 없다는 거다.
한 달 3천을 버는 자영업자든, 연봉 1억인 직장인이든,
사업장이 언제까지 문을 열지, 직장에 언제까지 다닐지,
사람들은 생각의 80%를 미래에 대한 고민으로 보낸다.
공무원은 미래 예측이 가능하다.
큰 부자가 될 수는 없지만, 큰 가난도 찾아오지 않는다.
공무원은 공무원 부부가 많다.
결혼하고, 대출받아 집도 사고, 미래를 계획할 수 있다.
가정을 이룰 수 있는 기본 조건이다.
아이 키우기도 좋다.
육아휴직 잘 되어 있다.
공무원이라는 안정감이 주는 큰 혜택이다.
공무원이 시민들을 위해 정직하게 일할 수 있도록 하는 것.
바로 공무원 개개인의 미래 생계를 보장해 주는,
정년보장과 노후 연금 시스템이 주는 안정감 덕분이다.
간혹 공무원연금 때문에 국민 세금이 새나간다,
연금적자다, 나라 망한다는 등의 언론 기사들이 쏟아진다.
뭘 모르고 하시는 말씀이다.

공무원연금은 가장 든든한 곳간이었다.
근데, 이 곳간이 언제 바닥났나?
IMF때 탈탈 거덜 났다.

왜? 나라 살리느라고. 공무원의 노후를 담보로.
국민들만 금모으기 해서 나라 살린 거 아니다.
IMF 시기 공무원 역시 금모으기에 동참했고,
공무원의 노후 생존권인 공무원연금의 잘못된 운영으로,
공무원연금이 바닥났던 거다.
그 여파로 20년 후에 공무원이 된 나도 희생타가 되었고.
공무원도 나라와 국민을 위해 일하면서,
다시 나라에 세금 내는 국민의 한 사람이다.
난 요즘 언론이 공무원의 희생과 노고를 호도하는,
마치 무슨 국민 세금 뽑아먹는 기생충처럼 표현하는,
그런 기사를 보면 화가 난다. 안타깝다.
정말 그 기사를 쓰는 양반들 중에서,
자기 가족 중에 공무원이 한 사람이라도 있다면,
그렇게 현실을 왜곡해서 말할 수 있을까 싶다.
내가 계약직 때 냈던 국민연금보다,
정확하게 공무원 기여금을 3배 더 낸다.
결론은, 내가 낸 만큼 노후에 연금으로 돌려받는다.
그래도, 연금이 줄었다 해도, 금액이 문제가 아니다.
공무원연금은 법이 보장하는 거다.
내가 말하고 싶은 건 이 안정감이라는 맥락이다.
퇴직 후에도 안정적인 현금흐름이 오랫동안 지속될 수 있다는 것이,
지금 불황의 시대, 위기의 시대에 빛을 발하고 있는 거다.

3) 신분보장

남자들도 나이 40 넘으면 직장에서 언제 잘릴지 모른다.
더욱이 40 넘은 아줌마의 신규 정직원 채용은 드물다.
공무원의 신분은 헌법이 보장한다.

※ 헌법 제7조
① 공무원은 국민전체에 대한 봉사자이며, 국민에 대하여 책임을 진다.
② 공무원의 신분과 정치적 중립성은 법률이 정하는 바에 의하여 보장된다.

나를 나타내는 신분이다.
"니네 엄마 뭐하냐?" "공무원!" 하면,
최소한 아이가 기가 죽지는 않는다.
준이도 은근~히 엄마를 자랑스러워하더라.
국민을 위해 일한다는 뿌듯한 사명감, 책임감이 든다.
자존감을 가지면서 일을 할 수 있다는 사실.
난 이게 제일 좋다.

▲ 사무실에서 한 컷

▲ 후원 물품 전달

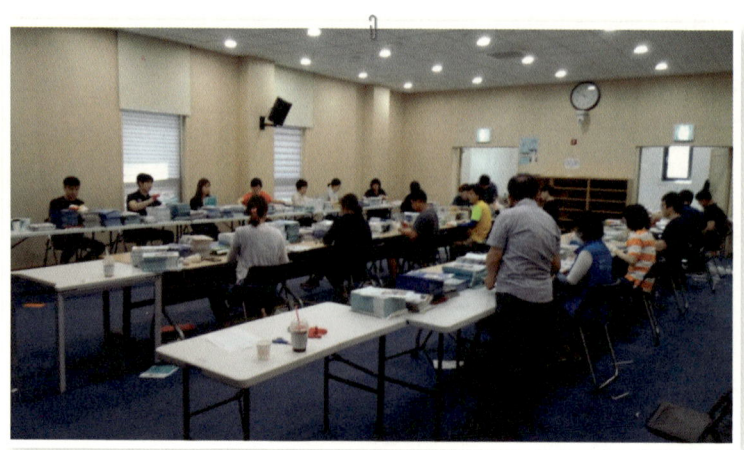
▲ 2018 지방선거 홍보물 작업

Q2 나이 40에 신규 공무원? 너무 늦은 거 아닌가요?
A2 딱 좋다.

나이 많은 신입이라도 무시당하지 않을,
어떤 분야이든 업무에 도움이 될 나의 실력, 나의 무기를 가져라.
나이 어리고, 경력 없는 흰 도화지도 물론 좋다.
하지만, 나이가 많아도 국가에 봉사하는 모든 일에,
나의 경험과 지식이 도움이 된다는 것을 깨달았다.
적당히 내공이 있고, 사회 경험도 있고, 눈치도 있다.
일반 회사에서 이 나이에 신입이란 어림도 없다.
공무원은 임용연도가 그 사람의 나이다.
임용일이 같으면 다 같은 동기고 친구다.
내 동기 친구들은 대부분 88, 89, 90, 92년생들이다.
신기한 건 입사 동기는 뭔가 통하는 전우애 같은 게 있다.
같은 시기에 같은 공부를 하고, 같은 고민을 하고,
같은 설레임을 갖고, 같은 관문을 통과한 동기들이다.

2016년 서울시
신임리더 112기

Q3. 현실 공무원에게 남은 건 승진밖에 없다?
A3 마음먹기 나름.

공무원은 젊은 시절 박봉이니 어쩌니 말이 많다.
사실 외벌이 공무원 가장의 삶은 팍팍하다.
이제 어느 정도 자리도 잡고 살만한데,
조직생활의 장기간 스트레스를 이기지 못하고 퇴직하거나,
그토록 바라던 승진 후 병에 걸려,
제 명대로 못사는 사람도 있다. 안타깝다.
건강관리, 해야 한다. 건강관리의 최우선은 마음관리고.
내 에너지를 스트레스 받는 데 쓰지 않기로 했다.
승진 욕심 부리지 않기로, 내 승진서열 까보지 않기로.
왜냐면, 서열을 보는 순간,
내 마음이 그 등수에 뺏기게 되어 있다.
그렇게 원한 공무원 되놓곤, 그 몇 등 서열에 괴로워한다.

난 맘 편히 두루두루 잘 지내면서, 소신껏 일하기로 했다.
그러기 위해서 3가지 기본은 한다.
첫째, 직장에서 인사 잘하기.
둘째, 동료, 후배들에게 커피 잘 사기.
셋째, 내가 할 일 책임지고 하기.

내가 진짜 눈치를 보아야 할 건,
내가 매일매일 만나는 한분 한분의 민원인이고, 대한민국 국민, 시민이다.

Q4 멘토?

A4 만남의 축복들.

1) 현존 우아한 여성의 표본, 수영로교회 이경희 전도사님

수험생활 중 우울하고 힘들 때,
가끔 나도 나를 감당하기 힘들 때가 있었다.
내 기억으론 3·6·9·12 법칙 때였다.
새벽이라도 전화를 받아주셨다.
엄마처럼, 언니처럼, 친구처럼, 이런 이야기, 저런 이야기,
무슨 이야기든 전부 다 들어주셨다.
진정한 상담가이자, 지성과 영성을 갖춘 전도사님의 표본.
같은 여자가 보아도 여성의 품위와 우아함을 갖추신,
여자로써 닮고 싶은 인생모델이시다.
아슬아슬 살얼음판 같은 1년이라는 수험기간을,
기도와 인내로 나에게 늘 힘이 되어주셨다.

나도 누군가에게 힘이 되는 사람이 되고 싶은데,
휴~ 나는 니들한테 잔소리만 하고 앉았다.

2) 종로1,2,3,4가동 주민센터 정광섭 팀장님

공직자에게 가장 큰 복은 좋은 상관을 만나는 거다.
퇴직을 몇 달 앞둔 상황에서도,
한 치의 빈틈도 없이 매의 눈으로 업무를 챙기시면서,

공직 선배로서, 인생 선배로서 멘토의 역할까지도 하신다.
팀장 입장에서 나이 많은 신규 직원? 쉽지 않다.
부족한 게 많은 나에게 늘 조언을 아끼지 않으셨다.
2018년 상반기, 30년 공직생활을 마감하기에 앞서,
그간 쌓아온 경험, 노하우를 틈틈이 전수해 주셨다.
공직생활의 필기노트인 셈이다.
새내기 공직자에게 퇴직을 앞둔 공무원 선배님의 조언은,
한 마디도 허투루 들을 수 없다.
같은 실수를 반복하지 않도록, 때로는 쓴소리도 하신다.
경험상 내 귀에 듣기 싫은 직언을 해주는 사람이 진짜다.
내 약점이 드러나도, 좋은 분의 말씀을 귀담아 들으면서,
하루하루 변화하려고 난 매일 노력한다.
살아가면서 하나하나 다듬어가는 과정인 것 같다.

정팀장님!
30년 공직생활을 마감하면서, 제2의 인생, 도전의 길,
존경하고 앞길을 응원합니다!!

3) 종로1.2.3.4가동 주민센터 김만홍 동장님

동장님을 뵐 때면,
아~ 나도 저렇게 공직생활을 마무리할 수 있다면,
난 성공한 공직자일거라는 생각이 들었다.
동장님은 직원들이 소신껏 일할 수 있도록 판을 펼쳐 주신다.
퇴직하시는 동장님을 두고, 주민들이 입을 모아 하는 말씀,
동장님은 선공후사(先公後事)하셨다 한다.
주민들과 직원들 모두 동장님을 존경한다.

주민들에겐 충실한 봉사자로,
직원들에겐 든든한 지지자이자 믿고 따를 수 있는 분으로.

동장님께서 퇴임을 하루 앞둔 날, 나에게 말씀하셨다.
선공후사(先公後事)하는 삶을 살라고.
30년 공직생활의 압축이다.
한길샘 쓴소리 다음으로 뼈에 새겼다.
공직생활 평생 선공후사의 삶을 몸소 실천하셨다.

이제 한 평생 공직생활을 마치고,
제2막의 인생을 향해 나아가는 김만홍 동장님!
앞길에 대로가 열리시길 바라고, 축복합니다!!

▲ 후원물품 수령하는 동장님

▲ 국회의장님과 동장님, 주민들

Q5 **지금 일하는 곳?**

A5 **내 사랑 종로.**

난 종로 사람이고, 종로 자랑 좀 할게.
종로는 마냥 좋다. 종로라는 이름만으로도 좋다.
아름다운 종로(민선1.2기), 밝은 종로(민선3.4기),
사람중심 명품도시 종로(민선5.6.7기).
종로의 리더이신, 김영종 구청장님의 복지에 대한 열정도 빼놓을 수 없다.
김영종 구청장님은 복지현장을 직접 발로 뛰어다니시는,
건축가 출신다운 현장감 있는 리더다.

서울시 면접을 준비하면서,
서울시 사회복지공무원이 꼭 가보아야 할 곳이,
바로 종로 쪽방 새뜰마을이라고 들었다.
이곳을 보러 왔다가 난 종로에 반해 버렸다.
대한민국과 세계 문화유산의 기품,
중심업무지구(CBD–Central Business District)로서의 활동성,
종로 금세공 거리의 화려함 뒤 어두운 쪽방 골목.
종로는 강남처럼 화려하지는 않지만, 품위가 있다.
드러내지는 않지만, 사람을 끄는 힘이 있다.

종로 1·2·3·4가동 쪽방을 돌면서,
복지담당자로서 진짜 복지를 하려면,
고생을 하더라도 이곳으로 와야겠다고 생각했다.

와 보니 생각했던 것 보다 많이 힘들다. 일이 만만찮다.
그러나 나는 종로에 온 것을 후회하지 않는다.
여기서 예비 공직자분들께 한 말씀.
편한 데서는 일을 배울 수가 없다.
다양한 민원을 응대하다 보면, 그게 다 자산이 된다.
처음에는 누구나 두렵다.
하지만 매도 먼저 맞는 게 낫다고,
어려운 일을 먼저 경험하는 것이 낫다는 것이다.
어려운 일, 힘든 일, 도망가지 말고, 떠넘기지 말고,
소신껏 일하고, 기죽지 마라.
합격하면, 지금 내 말이 떠오르는 날이 올 거다.

종로는 절대적인 수급자 수는 많지 않지만,
복지의 질적 수준은 결코 뒤떨어지지 않는다.
보이지 않는 곳곳에서, 종로의 복지행정 발전을 위해,
많은 분들이 빛도 없이 이름도 없이 일하고 계시다는 걸,
복지 담당이 되고 나서야 알았다.
종로구 사회복지협의회 역시 어려운 분들을 위해 많은 일을 하지만,
고맙단 인사는 늘 사회복지 담당 공무원이 받는다.
종로구 사회복지협의회의 투명한 사업비 집행과,
후원 결연 능력은 단연 돋보인다.
늘 종로 주민복지를 위해 보이지 않는 곳에서 애쓰시는,
정 회장님께 지면을 통해서나마 감사의 마음을 전한다.

종로구 돈의동 쪽방촌 새뜰마을에,
시와 구가 힘을 모아 주민공동이용시설을 세우고 있다.
쪽방 주민들에게 기본적인 생활편의시설과,

자활, 자립의 기반이 될 수 있는 삶의 공간이 될 것이다.
엊그제 같은데, 벌써 2년이 다 되어 간다.
2년 전 서울시 면접 준비 당시,
예비 공직자인 면접 스터디원들과 함께 쪽방을 둘러보면서,
쪽방에 이런 시설이 들어오면 좋겠다,
정말 이런 시설이 필요하다고 이야기를 나눴었다.
주민들과 복지담당자들이 절실하게 그 필요성을 느낀바,
서울시와 종로구에서는,
저소득 주민들의 복지시설을 위한 지원을 아끼지 않고 있다.
복지 담당이 가는 곳에 구청장님도 같은 걸음을 하신다.
그건 마음이 없어서는, 단지 흉내만 내서는 할 수 없는 일.
리더의 선한 영향력이다.
양적으로 퍼주는 복지는 지났다.
삶의 질 향상의 문제다.

종로는 정치 1번가로 불리는데,
앞으로는 복지 1번가로 불릴 것 같다.

아 참~ 새뜰마을 주민공동이용시설사업 이거,
서울시 면접 대비 유용한 자료가 될 수도 있겠다.
쪽방 주민의 삶의 질 향상을 위한 복합건축물로,
쪽방 주민의 생활, 건강, 식사, 문화까지 아우르는,
하나의 공동체 생태계와 같은 복지 모델 성공사업.
주민들 삶의 질을 높이는 복지를 실현하는 청장님,
그리고 다른 리더분들과 함께,
미약하나마 복지담당자로서 나의 몫을 최선을 다해 감당하려 한다.

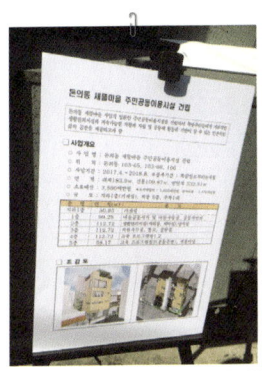
▲ 새뜰마을 시설 개요

▲ 새뜰마을 주민공동이용시설 착공식

▲ 구청장님과 함께하는 새봄맞이 대청소

Q6 지금 하는 일?

A6 서울시 찾아가는 동주민센터.

난 서울시 사회복지직 공무원이고, 내 일이 자랑스럽다.
서울시 시험 볼 사람은 이건 면접 출제 예상 1순위다.
서울시 찾아가는 동주민센터, 눈에 바르고 가시도록.
누군지 모르지만, 찾아가는 동주민센터를 기획한 분은,
정말 탁월한 기획자라는 생각이 든다.

난 보건복지부 주관 의료급여사례관리사업 초창기 멤버로,
한 지방자치단체에서 2008년부터 2016년까지 9년간,
의료급여 사례관리사로 근무했다.
의료급여 사례관리의 파급효과로,
그 이후 전국 지자체에서 사회복지 사례관리사를 채용하기 시작했다.
당시 나는 현장 곳곳을 방문하면서,
사례관리가 전국의 동주민센터로 확대되어,
모세혈관처럼 주민들이 생활 곳곳에 찾아가면 좋겠다는 생각을 늘 했었다.
내가 서울시 사회복지공무원에 합격한 2016년이,
찾아가는 동주민센터 사업이 서울시 전체로 확장된 해다.
2015년에 서울시 찾동이 시범 시작됐고,
난 2016년 찾동 2년차에 서울시 공무원이 된 거다.
그렇게 우연이 운명이 되었다.
서울시에서 찾동이 이리 빨리 정착될 줄은 예상치 못했다.
서울시의 앞서간 적극적 복지 행정에 박수를 보낸다.

▲ 서울시 찾아가는 동주민센터, 일명 '찾동' 로고가 들어간 화단

동주민센터에서 찾동 복지플래너로 근무해보니,
생각했던 것 이상으로 주민들의 만족도는 높다.
이렇게 되기까지, 한겨울엔 영하 10도에 몸살을 앓아가며,
한여름엔 폭염에도 땀 흘리며 복지 현장 곳곳을 누비는,
사회복지공무원과 찾동 방문간호사의 눈에 보이지 않는 수고가 있었다.
시대가 변하고 있고 공무원이 주민에게 더 가까이 간다.
난 전직 간호사로, 현직 사회복지 담당공무원으로,
의료와 복지는 떼려야 뗄 수 없다는 생각을 늘 해왔다.
몸이 아프면 일을 할 수 없고, 가난이 따라온다.
가난해지면 아파도 제대로 치료받을 수 없다.
이 악순환의 고리를 끊기 위해서는,
보건과 복지가 조화롭게 어우러지는 시스템이 필요하다.

서울시 찾동 사업은, 보건소 찾동 방문간호사 선생님과,
사회복지 담당공무원이 한 팀이 되어 현장방문을 나가,
보건과 복지 서비스를 동시에 제공하는 시스템이다.

내가 늘 꿈꿔 왔던 이상적인 복지 시스템을,
서울시에서 현실로 구현하고 있는 거다.
요즘은 웬만하면 먹고는 산다.
그러다보니 웰에이징, 웰다잉이 주요 관심사로 떠올랐고,
먹고사는 문제보다 건강에 더 관심이 많아졌다.
계약직의 신분으로 공식적인 출장비도 없이,
복지현장에서 묵묵히 주민들의 건강을 챙기는,
찾동 간호사 선생님과 현장방문을 나갈 때면 늘 든든하고,
또 한편으론 가슴이 먹먹해지기도 한다.

▲ 응급 입원조치

▲ 찾동 방문간호사

사복, 일행, 법원, 교행, 교정, 세무, 군무원, 소방, 경찰 등,
니가 어느 직렬로 가든 고생할 거다. 각오는 하고 있겠고.
국민들이 피땀 흘려 낸 세금 받고 일하는 게 우리다.
그렇기에 역시 피땀 흘려 일하려는 자세가 되어야 한다.
주민에게, 시민에게, 국민에게, 한걸음 더 다가가야 한다.

PART
VIII

나가며

헉헉~ 힘들었냐? 여기까지 오느라 정말 애썼다.

니 왼쪽 가슴에 손을 올려봐라.
심장이 두근두근 하냐?
니 가슴의 엔진이 쿵쾅쿵쾅 고동치고 있나?

너에겐 날아오를 수 있는 너만의 날개가 있다.
두 날개를 가지고도 관광객이 던져주는 모이에 정신 팔려,
이리저리 뒤뚱거리며 걸어 다니는 닭둘기 되지 말고,
니가 어디까지 날아오를 수 있을지,
니 날개로 한번은 날아올라 봐라.
독수리처럼 한번 날아올라 너의 한계에 부딪혀 보라고.
할 수 있을 만큼, 죽겠다 싶을 만큼 해 보라고.
안 죽는다.

이제, 잔소리할 힘이 더 이상 남아 있질 않다.
내 마지막 잔소리다.
이대론 안 될 것 같다고?
직장인이라서?
장수생이라서?
다음 합격자 명단에 누가 올라갈 줄 알고?
다음 합격증 받을 차례가 누가 될 줄 알고?
생활이 어려워서 직장으로 돌아가려 한다고?
그래서 공시를 포기하려 한다고?
야!!!!!!!!!!!!
억울하지도 않냐?
니가 이때까지 어떻게 살아왔는데?!

니 목표를 왜 포기하려 하나?
누가 니한테 포기하라 그러나?
누가 니한테 안 된다고 하나?

내가 끝내지 않는 한 끝나는 게 아니다.
니가 지금까지 한 공부,
그거 다~ 어디 가는 거 아니다.
그게 니 머릿속에서 지워지기 전에는 끝낼 수도 없다.

이러나저러나 한번 살고 한번 죽는다.
못 다 이룬 꿈에 미련 두는 인생을 살지 마라.
너의 목표를 이루고,
공시계는 다시는 쳐다보지도 말고,
훨~훨~ 날아가라.

바로 다음 합격자 명단에 니 이름이 있기를,
【부장님 죄송해요 공무원 합격했어요】 시즌 2,
내년엔 바로 그대의 이야기가 나오기를,

난 간절히 원하고 기대한다.
그리고 기다린다.
후배로 만나기를 응원한다!

고생은 같이 하는 게 제 맛이지.
들어와서 나랑 같이 고생하자고!

※ 이 책의 집필에 영감을 준 책들,
　그리고 공시 준비에 도움이 될 책들

1. 공시 합격을 위한 선한 영향력

2. 전효진의 독하게 합격하는 방법

3. 불피법 – 불합격을 피하는 방법

4. 아공법 – 아침의 눈 공부법

5. 전한길의 성공수업

6. 그대, 느려도 좋다

7. 40대, 다시 한번 공부에 미쳐라

8. 배움은 배신하지 않는다